JN274449

おいしい
ベトナム
料理

ファム・ドゥック・ナム
Phạm Đức Nam

グエン・マイ・ホア
Nguyễn Mai Hoa

小高 泰
Odaka Tai

めこん

vietnam map

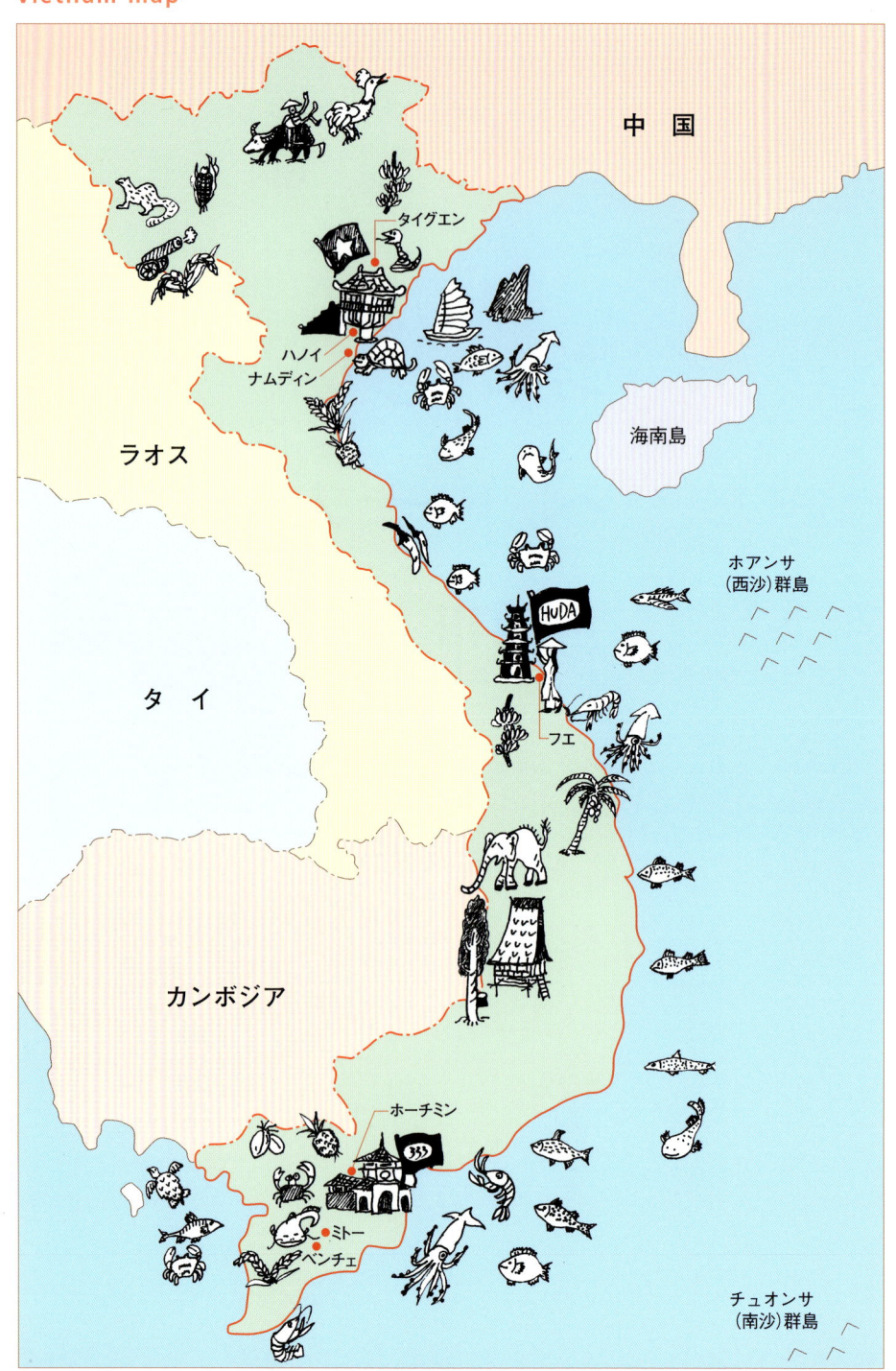

中国
ラオス
タイ
カンボジア
海南島
ホアンサ
(西沙)群島
チュオンサ
(南沙)群島

タイグエン
ハノイ
ナムディン
フエ
ホーチミン
ミトー
ベンチェ

はじめに「本物のおいしいベトナム料理を」

　日本では、2000年前後から広がったベトナム・ブームをきっかけに、東京を中心にベトナム料理店が急増しました。ベトナムを旅する人も増え、いくつかのベトナム料理はすっかりポピュラーになりました。米を原料にした麺料理「フォー」（Phở）などはその代表的な例でしょう。

　日本人はフォーをレストランで食べても、大学祭などの屋台で売られるものを食べても、もちろん、ベトナムで食べても、皆、一様に「おいしい」と言ってくれます。しかし、実のところ、フォーはそれなりの経験やコツを心得てないと、そうそうおいしくは作れないもの。日本人の口に合うのは確かなのでしょうが、フォーの本当においしさに出会えた日本人がどれだけいるのか疑問を持つことがあります。

　本書のレシピを担うファム・ドゥック・ナム（ベンチェ省出身）は、東京とホーチミンでベトナム料理店のコック長をつとめた職人気質の若き料理人です。「伝統的」ベトナム料理作りにこだわり、ベトナム料理の醍醐味を、味覚はもちろんのこと、視覚的にも表現する努力を続けています。

　グエン・マイ・ホア（ハノイ市出身）は、ハノイでは日本大使館に勤務。その料理の腕は有名で、1996年に日本に来てからは何度もベトナム料理教室を主宰して、高い人気を得ています。得意はハノイ流の家庭料理。特に、ハノイ的視点に立って、妥協しないベトナム料理の在り方を追求しています。

　そして私自身は、北部出身で南部での生活も長かったベトナム人の母親が作った料理で育ち、また、南部出身のベトナム人が多いパリのベトナム料理にも接してきました。80年代末から90年代半ばにかけて再びベトナムに赴き、社会の激動と呼応するようなベトナム料理の変化を目の当たりにしてきました。つまり、北と南、伝統と現代、そして外国でのベトナム料理の広がりを、身をもって（舌をもって）体験してきました。

　本書は、このようにすぐれてローカルな背景を持つ3名が、自らの経験を最大限に生かし、オーソドックスな、しかも北と南の特色をしっかり出した、優美で新鮮なベトナム料理を再現したいという願いを込めて作りました。

　重要なのは、料理のベースとなる「だし」や「つけダレ」、「ソース」です。ここで紹介される料理の多くは、これらを最初に仕込むことから始まります。最初の仕込みが料理全体を決定すると言っても過言ではなく、「おいしさの基準」がこの段階で作られるのです。

　この本が皆様を本当のベトナム料理にナビゲートし、ベトナム理解のお役に立てればこれほどうれしいことはありません。

小高 泰

　なお、レシピはナムおよびホアが、各章の扉およびコラムは小高が担当しました。

contents

ベトナムの地図　2
はじめに「本物のおいしいベトナム料理を」　3

基本のベースと下ごしらえ　7
基本のベースⅠ〈仕込み〉基本の調理用スープ　8
基本のベースⅡ〈ソース類〉香味オイスターソース／レモン風味 味わい醤油　9
基本のベースⅢ〈タレ・ドレッシング〉甘風味のニュクマム／ゴーイのドレッシング　10
基本のベースⅣ〈料理にかけて味を引き立たせるもの〉
オニオンオイル／ガーリックオイルとガーリックフライ／ベトナム風キャラメル液　11
基本の下ごしらえⅠ〈食材の仕込み〉緑豆の仕込み／エビのミンチ　12
基本の下ごしらえⅡ〈料理の脇役〉甘酢漬け／揚げソーイ　13
基本の技Ⅰ〈色々な食材の茹で方〉野菜の茹で方／エビの茹で方／肉の茹で方　14
基本の技Ⅱ〈麺類の茹で方〉ブーン、フォー　15
基本の技Ⅲ〈ライスペーパー〉ライスペーパーをもどす方法／ライスペーパーを巻く方法　15

麺料理　17
鶏肉のフォー　Phở gà　18
column　フォー　20
ハノイ風チャー・カー入りブーン　Bún chả cá Hà nội　22
column　ハノイのブーン・チャー・カー　24
牛肉炒め入りブーン　Bún thịt bò xào　25
ブン・ボー・フエ　Bún bò Huế　26
ラム（焼肉）入りのブーン　Bún thịt ram　28
ブーン・ターン　Bún thang　30
カニ肉のバイン・カイン　Bánh canh cua　32
バイン・カイン（麺）の作り方　33
鶏のミエン麺　Miến gà　34
ミエン麺のカニ炒め　Miến xào cua　35
ミトーのフー・ティウ　Hủ tiếu Mỹ Tho　36
column　北・中部・南…地域で違う味や食べ方　38
［食材 1］基本の調味料　42

アラカルト料理　43
揚げ手羽先ニュクマムソース　Cánh gà chiên sốt nước mắm　44
鶏肉とニンニク薬膳炒め　Gà nấu tỏi　46
鶏肉のチンゲン菜蒸し　Gà hấp cải　48
鶏と生姜の煮込み焼き　Gà kho gừng　50
豚とエビミンチのサラダ巻き　Nem nướng　52
豚肉のココナッツジュース煮込み　Thịt kho nước dừa　54

さやえんどうと牛肉炒め	Đậu co-ve xào thịt bò	56
レモングラスと唐辛子炒め牛肉	Bò xào sả ớt	57
牛スネ肉の煮込み	Bò kho	58
牛肉のラロット包み焼き	Bò nướng lá lốt	60
レモングラス風味の牛焼肉	Bò nướng sả cây	62
スペアリブのココナッツジュース煮	Sườn ram mặn	64
レモングラス香味のスペアリブ	Sườn nướng chả chìa	65
column 食べ方とマナー		66
ナスのオニオンオイル焼き	Cà tím nướng mỡ hành	69
ニガ瓜と卵炒め	Khổ qua xào trứng	70
カキの焼き料理	Hào nướng	71
ブロッコリーとエビ炒め	Tôm xào bông cải	72
エビのココナッツジュース煮込み	Tôm rim nước dừa	73
魚とシイタケ蒸し	Cá hấp nấm	74
魚の煮込み（甘露煮）	Cá kho tộ	75
イカの肉詰め	Mực nhồi thịt	76
[食材2] 香草・野菜		78

おやつ　79

バイン・セオ	Bánh xèo	80
バイン・コット	Bánh khọt..	82
バイン・ベオ	Bánh bèo	84
column チャー・ゾー・ゼー用の網目ライスペーパー		85
網目ライスペーパーの揚げ春巻き	Chả giò rế	86
エビと三枚肉の生春巻き	Gỏi cuốn tôm thịt	88
北部の揚げ春巻き（ネムザーン）	Nem rán kiểu Bắc	90
column お茶の飲み方		92
[食材3] 主食になる食材		94

酒の肴　95

エビのピリ辛ソース	Tôm sốt cay	96
エビの肉巻き	Tôm cuốn thịt nướng	98
フエ風甘辛エビと三枚肉の付け合わせ	Thịt luộc và Tôm chua	100
牛肉と玉ネギの串焼き	Bò cuốn hành nướng	101
鶏肉のライムリーフ煮	Gà nướng lá chanh	102
レモングラス味の手羽先焼き	Cánh gà nướng sả	103
column お酒の飲み方		104
ハノイのおいしいお店		106

カインと鍋　107

ニガ瓜の肉詰め入りスープ	Canh khổ qua nhồi thịt	108
パパイアと豚足煮込みカイン	Canh đu đủ hầm giò heo	110
クレッソンとひき肉のカイン	Canh cải xoong thịt băm	111
魚介類のスープ…カイン・チュア	Canh chua cá	112

海の幸たっぷりの鍋料理　Lẩu hải sản	114
ベトナム風鶏鍋　Lẩu gà	116
トウガンと干しエビが入ったカイン　Canh bí nấu tôm nõn	118

ゴーイ　119

エビと三枚肉の蓮茎入りゴーイ　Gỏi ngó sen tôm thịt	120
パパイアとエビと豚三枚肉のゴーイ　Gỏi đu đủ tôm thịt	122
魚のゴーイ　Gỏi cá	124
タケノコのゴーイ　Gỏi măng	126
ニガ瓜のゴーイ　Gỏi khổ qua	127
ハム・エビ・万能ネギのゴーイ　Gỏi hành hương	128
海の幸のゴーイ　Gỏi hải sản	130
column　食文化から見たベトナム	132

ソーイ　137

ソーイ・セオ　Xôi xéo	138
落花生入りのソーイ　Xôi lạc	139
緑豆のソーイ　Xôi đậu xanh	140
ホーチミンのおいしいお店	142

おかゆ　143

鶏肉のおかゆ　Cháo gà	144
ハツとレバーのおかゆ　Cháo tim gan	145
[食材4]　ベトナムに行ったら手に入れたい簡単食材	146

デザート　147

ベトナム風もち団子のぜんざい　Chè trôi nước	148
バナナ・ココナッツ　Chuối xào dừa	150
焼きバナナのデザート　Chuối nướng	151
サトイモのチェー　Chè khoai sọ	152
蓮の実入りのチェー　Chè hạt sen	153
とうもろこしのチェー　Chè bắp	154
column　とうもろこしの話	155

知っておくと一味違う！　ベトナムの料理用語

調理編／台所器具編／食料品取り扱い編／食料品編／出来上がり編	156
ハノイのおいしいお店	160
フエのおいしいお店	162
ホーチミンのおいしいお店	164
著者紹介・ベトナム食材取扱店	166

[この本の見方]
　料理は基本的に4人分です。レシピ右上の 北 はベトナム北部の、中 は中部の、南 は南部の料理です。
　計量表：1カップ＝200cc、米用1カップ＝180cc、大さじ1＝15cc、小さじ1＝5cc
　文中（☆）印は、「基本のベースと下ごしらえ」(p.8～13）で用意したものです。

基本の
ベースと
下ごしらえ

ここではベトナム料理の味作りのもととなる、いろいろなベースを作ります。ベースをしっかり準備することは、新鮮な素材を準備するのと同じくらい大切です。
これらのベースを一定量、作りおきすることで料理の手間を省くことができますし、このベースを使ってまた違った料理にもチャレンジすることができます。

[基本のベースⅠ]
仕込み

基本の調理用スープ Nấu nước dùng　ベトナム料理の基本

《用意する食材》
(1) 玉ネギ：1個　　(2) 鶏ガラ：500g　　(3) 水：2.5ℓ
Ⓐ塩：大さじ2／砂糖：大さじ3／鶏ガラスープの素：大さじ1

《作り方》
①網で玉ネギを表面がやや焦げる程度に軽く焼く。
②鶏ガラを沸騰させたお湯（分量外）に入れ、約10分茹でて取り出す。
③さっと水洗いし（3）の水が入った鍋に移し、再び沸騰させる。
④アクをきれいに取り除き、とろ火にして①とⒶを入れ、2時間茹でて出来上がり。

鶏ガラの代わりに魚の骨を使う場合は1時間、牛ガラは8時間茹でる。

[基本のベースⅡ]
ソース類

香味オイスターソース Sốt dầu hào　炒め物用に

《用意する食材》
(1) 赤ワケギ：15g（刻む）
Ⓐオイスターソース：50cc ／ベトナム醤油：50cc ／砂糖：80g ／塩：小さじ1 ／水：15cc
(2) 片栗粉：小さじ1　　(3) 水：20cc　　(4) サラダ油：適量

《作り方》
①サラダ油を引いた鍋で赤ワケギを炒め、香りを出す。
②Ⓐをすべて混ぜ①に入れて沸騰させる。とろ火で5分程度加熱する。
③片栗粉を水でとく。
④③を②に混ぜ、とろみが出たら、オイスターソースの出来上がり。

野菜・肉・エビ500gの炒め料理には、大さじ2～3を入れれば他の調味料は不要。
冷蔵で1～3ヵ月保存可能。

レモン風味 味わい醤油 Nước tương　つけダレ・調味料

炒め物やブーン麺料理、焼き豚などに広く使います。出来上がった料理にかけても、つけダレとしても。

《用意する食材》
(1) ベトナム醤油：100cc　　(2) 水：500cc　　(3) 砂糖：30g
(4) 唐辛子粉：7g（小さじ1/3）　　(5) レモン：1個（汁を搾る）
(6) ガーリックオイル（☆）：小さじ1

《作り方》
①鍋に(1)～(5)をすべて入れ、一緒によくかき混ぜたら、ガーリックオイルを混ぜ合わせて出来上がり。

冷蔵で2週間保存可能。

[基本のベースⅢ]
タレ・ドレッシング

甘辛風味のニュクマム Nước mắm chua ngọt 様々なツケダレに
用途はバインセオ、揚げ物や焼き物、ブーン麺のつけダレなど様々です。
《用意する食材》
Ⓐニュクマム：100cc／砂糖：100g／水：170cc
Ⓑ唐辛子：3本（種を取る）／ニンニク：5片
Ⓒレモン汁：大さじ2／粉唐辛子：小さじ半分

《作り方》
①Ⓐを鍋に入れて中火で沸騰させ、アクをよく取り除き、冷ます。
②Ⓑをみじん切りにするか、ミキサーやすり鉢などでよくすりつぶす。
③②とⒸを①に混ぜれば甘辛風味のニュクマムの出来上がり。

唐辛子がない場合はパプリカでもOK。よくすりつぶしてニュクマムに入れれば色彩豊かに。
冷蔵で1〜3ヵ月保存可能。

ゴーイのドレッシング Nước trộn gỏi ニュクマム・ベースのドレッシング
《用意する食材》
Ⓐニュクマム：100cc／砂糖：100g／水：70cc
Ⓑ唐辛子：3本（種を取る）／ニンニク：5片
Ⓒレモン汁：150cc／砂糖：100g／塩：小さじ3分の1

《作り方》
①Ⓐを鍋に混ぜ弱火で沸騰させる。きれいにアクを取り、冷ます。
②Ⓑをミキサーやすり鉢などでよくすりつぶし、①に混ぜる。
③よくかき混ぜたⒸを②に混ぜれば出来上がり。

　ゴーイ300gに大さじ2程度をよく混ぜればOK。
　冷蔵で1〜3ヵ月保存可能。

[基本のベースⅣ]
料理にかけて味を引き立たせるもの

オニオンオイル Mỡ hành 焼き物・ブーン麺料理に

麺にかければ、料理の香りがいっそう引きたちます。

《用意する食材》
(1) サラダ油：55cc　(2) 万能ネギ：100g（みじん切り）　(3) 砂糖：10g　(4) 塩：5g

《作り方》
①万能ネギ、砂糖、塩を陶器など耐熱のどんぶりに入れよくかき混ぜる。
②サラダ油を鍋に熱し、ネギのかけらを落としてすぐ浮き上がるくらい熱くなったら火を止め、①のどんぶりに手早く流し込む。
③流し込んだ瞬間にネギの焼ける音がするので、すぐによくかき混ぜて、出来上がり。

ガーリックオイルとガーリックフライ Dầu tỏi và tỏi phi 用途様々

ガーリックオイルはゴーイに混ぜたり、肉や魚を漬けて素材の香りを引き立たり、肉を柔らかくしたり。ガーリックフライはカイン、魚の甘露煮、炒め料理に振りかけるとより香ばしくなります。

《用意する食材》
(1) ニンニク：500g（みじん切り）　(2) サラダ油：1ℓ

《作り方》
①フライパンに、ニンニクが浸るくらいサラダ油を入れ、ごく弱火で加熱する。
②ニンニクがフライパンの底に焦げつかないように時々かき混ぜる。
③ニンニクがほのかに黄色くなったら手早く網に取り出す。
④ニンニクからオイルをよく落とし、オイルと別々にする。
　これでガーリックフライが黒ずまず、ガーリックオイルの熱も早く冷める。

ベトナム風キャラメル液 Nước hàng 味も見栄えも良くする

甘露煮や焼き物料理などに。黄金色に輝く料理は見た目も映え、旨さが引き立ちます。

《用意する食材》
(1) 砂糖：100g　(2) サラダ油：小さじ3　(3) 水：100cc

《作り方》
①砂糖とサラダ油をフライパンに入れ、中火で加熱する。
②砂糖が溶け出したらよくかき混ぜる。
③砂糖があめ色に変わったら弱火にし、水をゆっくり入れる。
④砂糖全体が透明な黄金色の水あめ状になったら出来上がり。

［基本の下ごしらえⅠ］
食材の仕込み

緑豆の仕込み　Nấu đậu xanh　おやつやデザートのベースに活躍

ややこってりしてしょっぱさとほのかな甘味がする仕込み緑豆。
ベトナム・デザートのチェーや、バイン・ベオ、バイン・セオ、バイン・コットなどのベースに。

《用意する食材》
(1) 緑豆：200g　　(2) 水：750cc　　(3) ココナッツミルク：150cc　　(4) 塩：10g
(5) 砂糖：20g

《作り方》
①緑豆をよく水洗いし、鍋で水、ココナッツミルク、塩、砂糖と一緒に中火で煮込む。
②均等に火が通るようにお玉などでよくかき混ぜる。
③緑豆が軟らかくならない場合は水を少しずつ注ぐ。一気に入れると軟らかくなり過ぎる。
④出来上がったら別の容器に移して冷ます。

エビのミンチ　Tôm chấy　バイン・コットなどのおやつの旨みになる

《用意する食材》
(1) 乾燥エビ：250g　　(2) 水：1ℓ　　(3) サラダ油：小さじ2　　(4) ニンニク：10g（みじん切り）

《作り方》
①乾燥エビを1時間程水に漬け、軟らかくなったらザルに移す。臼ですりつぶしてミンチ状に。
②温めたフライパンにサラダ油を引き、ニンニクが香ばしくなるまで炒める。
③①を②に入れて混ぜながら炒める。エビのミンチの水分が完全に飛んだら出来上がり。

[基本の下ごしらえⅡ]
料理の脇役

甘酢漬け Ngâm dưa chua 野菜の足りない時に一皿

《用意する食材》
(1) 大根：500g（千切り）　　(2) 人参：250g（千切り）　　(3) 塩：10g
(4) 酢：125cc　　(5) 砂糖：90g　　(6) 水：140cc

《作り方》
① 大根と人参をボウルにはった水にさらす。塩をふり15分おいたらザルで水気をよく切る。
② 酢、砂糖、水を順番に容器に入れてよくかき混ぜる。
③ ①を入れてふたをし、風通しのいい場所で1日漬けおきすれば出来上がり。

冷蔵庫で漬ける場合は2日間漬けおきする。

揚げソーイ Xôi chiên 焼肉などの料理と一緒に

《用意する食材》
(1) もち米：200g　　(2) 緑豆：50g　　(3) 砂糖：20g　　(4) サラダ油：適量
Ⓐ サラダ油：小さじ2／水：250cc

《作り方》
① 緑豆をきれいに洗い、お湯で10分ほど茹でて軟らかくする。
② もち米をといで①と一緒に、ご飯を炊く要領で炊く（水：分量外）。
③ ②が温かいうちにⒶをよくなじむようにしっかりと混ぜこむ。
④ ③が温かいうちに食べやすいサイズの団子状に丸める。
　 または、③を平たく伸ばし、食べやすいサイズに四角くカットしてもよい。
⑤ サラダ油をフライパンで熱し④を焼く。こんがり焼けたら網に取り出し、油を切る。

④の段階では、もち米を冷まさないように！
④の段階で冷蔵庫に入れて保管してもOK。⑤の場合には冷まして冷蔵庫へ。

[基本の技Ⅰ]
色々な食材の茹で方

野菜の茹で方 Luộc rau 炒めものに
《用意する食材》
(1) 水：1ℓ（塩・小さじ1.5を入れておく）　(2) サラダ油：小さじ1
(3) 野菜（葉っぱもの）：500g

《作り方》
①塩を入れた水を鍋で沸騰させ、サラダ油を入れる。
②野菜を1分ほど茹で、濃い緑色に変わったらすぐに取り出し流水でさっと洗う。

《食べ方》
炒め物なら香味オイスターソース（☆）で。鍋でニンニクを軽く炒め、茹でた野菜と香味オイスターソースを加えて一緒に炒めれば、味も見栄えも良い野菜炒めに。

エビの茹で方 Luộc tôm 生春巻きやサラダのゴーイなどに
《用意する食材》
(1) 水：500cc　(2) 酢：大さじ2　(3) 塩：小さじ1
(4) エビ：500g（殻をむき背ワタを取る）

《作り方》
①鍋に水を沸騰させたら、酢と塩を入れ、そこにエビを入れて茹でる。
②再び沸騰したらエビを取り出し、流水でよく洗う。
③氷水につける。エビの食感がコリコリしておいしくなる。

肉の茹で方 Luộc thịt 生春巻きやゴーイに
《用意する食材》
(1) 水：1ℓ　(2) 赤ワケギ：2～3個、または生姜：1片　(3) 味塩：小さじ1
(4) 肉：500g

《作り方》
①鍋に水を沸騰させ、肉と赤ワケギ（または生姜）を入れる。
②肉が豚バラブロックなどの塊の場合→20～25分ほど煮ながら、少しつぶした赤ワケギを2～3個入れる。
　鶏肉（モモ肉など）の場合→約15分煮ながら、少しつぶした生姜1片を入れると風味が良くなる。

[基本の技 II]
麺類の茹で方（ブーン、フォー）

《用意する食材》
(1) ブーンないしフォーの乾麺：1袋（400gほど）　(2) 水：1ℓ

《作り方》
① 鍋に水を沸騰させ麺を入れ、中火で、麺全体に火が通るようによくかき混ぜて茹で上げる。

[茹で時間]
◎ ブーンの場合→3分ほど。予め水に15～20分漬けおきしてあれば、1分半～2分。すぐザルに移し流水で麺の粘りを洗い流す。
◎ フォー（乾麺）の場合→約4分半。予め水に15～20分漬けおきしてあれば3分半。コシが出てきたら流水で洗う。

② サラダ油少々（分量外）を垂らしてよくかき混ぜると、麺と麺がくっつかず、柔らかくなり香ばしさも増す。
③ 食べる直前に湯がくか、電子レンジで温める。

[基本の技 III]
ライスペーパー

ライスペーパーをもどす方法

ライスペーパーは破れる場合があるので多めに用意。作りおきできないので、1枚ずつ柔らかくして巻くこと。次の3つの方法があり、ライスペーパーには硬いものと柔らかいものとあるので、硬いと思ったら、方法1、2、3の順に試してみてください。

方法1　湿ったタオルを2枚用意し、上と下から押し当てる。
方法2　霧吹きで霧をかけ湿らせる。
方法3　水を張った容器にさっとくぐらせる。

ライスペーパーを巻く方法

① 最初に手前部分を少し折り、その上に具をのせる。
② 両袖を左右から中央に向けて折り込む。長方形の形状になったら、ゆっくりしっかり、グルグル巻く。
③ 初回の1回転を強めに巻くと、後が緩まないが、あまり力まないように巻くのがコツ。
④ 具が終わるまで続ける。

[下ごしらえをする時のコツ]

かき混ぜる：調味料をかき混ぜる時は、小さい泡だて器を使って混ぜると手早くできます。

すりつぶす：唐辛子や調味料のすりつぶしには、日本のすり鉢が便利です。ミキサーでもOK。

砕　　　く：落花生を砕く時には、すり鉢で。落花生をビニール袋に入れて口を閉め、鍋敷など
　　　　　　どの上に置いてすり鉢棒でたたく方法もあります。

つ　ぶ　す：レモングラスは香りがよく出るように、包丁の平たい面で叩いてつぶします（刃の
　　　　　　取り扱いにはご注意ください）。

麺料理

ベトナム人の食生活に、麺料理はなくてはならないものです。ベトナム人の母は昔から、「フォーなどの汁はすべて飲み干さなきゃ駄目だよ」と言っていました。骨ガラや肉、野菜などの旨み成分をしっかり含ませて丹念に作ったからだそうです。「汁が味を決める」、これがベトナム麺料理なのです。

▶ 麺の茹で方は、p.15 の「麺類の茹で方（ブーン、フォー）」の項目を参照。

日本でもお馴染みの鶏肉のフォー

鶏肉のフォー　Phở gà

㊖

《用意する食材》
(1) 鶏または牛の肉ガラ：1kg（水3ℓ）
(2) 鶏モモ肉：1kg
(3) モヤシ：200g（1袋）
(4) フォー麺（400g）：1袋（茹でておく）

Ⓐ シナモン：10g
　八角：5g
　クローヴ：5g
　カルダモン：10g
　玉ネギ：半個
　生姜：30g

Ⓑ 塩：大さじ2
　砂糖：大さじ2
　鶏ガラスープ：小さじ3

Ⓒ 万能ネギ：50g（みじん切り）
　玉ネギ：半個（みじん切り）
　ライムリーフ：5枚（みじん切り）

お好みで

Ⓓ ニュクマム：適宜
　レモン：1個（8〜10等分にカット）
　唐辛子：1本（薄く輪切りにカット）

飾り：万能ネギ、コリアンダー

《作り方》

① 肉ガラに❹を加え、とろ火で1時間ほど煮てスープを作り、❺を入れる。

② ①に鶏モモ肉を入れ、18分ほど煮てから取り出す。身が白くなるくらい水でよく洗ってアクを取り、手で小さくちぎる。食べやすいサイズに切ってもよい。

③ 残ったスープにほどよい甘しょっぱさとコクが出ていればOK。

④ モヤシを沸騰した湯で湯通しする。次に、茹でておいたフォー麺が冷めてしまっていたら、湯がく。

⑤ どんぶりに最初にモヤシを適量入れて、その上にフォー麺をのせる。さらに②の鶏モモ肉、❻の順に入れる。モヤシを最後に上からふりかけてもよい。

> ベトナムではフォーは先に茹でておきます。もし冷め過ぎているようであれば、食べる直前にフォーを湯がくか、電子レンジで温めてから頂きましょう。

お玉杓子でスープをかけて、熱いうちにどうぞ。お好みで❻のニュクマムやレモン、唐辛子を添えます。

《ナムの話》

牛肉のフォーなら、スープは牛ガラを4時間以上煮込み、肉には薄くカットした牛ヒレ肉を。目先を変えて牛スジを食べたい時はスネ肉でスープを作ります。煮込み時間は約1時間、牛スジを薄くカットして麺の上にのせます。

column

フォー
Phở

　本書のレシピ執筆者、ナムによる「フォー」の由来を紹介しましょう。

　19世紀中ごろのフランス植民地政府の時代。もともと牛肉を食べる習慣のなかったベトナムですが、フランス人によって牛肉文化が持ち込まれました。市場でも牛肉が売られるようになりましたが、ベトナム式の漢方的な見地から、牛肉は体内を温めると言われるため暑いベトナムでは馴染まず、たいていは売れ残って安売りされる始末でした。

　あるときハノイで、牛肉を炒め、米粉で作る麺「ブーン」と一緒に食べてみた人がいました。しかし、やはりおいしくありません。そこで米粉をといた汁をクレープ状に薄く引き、さらに細く切って糸状にした麺を考えました。調味料も改良され、新しい味付けの「牛肉炒め麺」が開発されたのです。

　当時、ハノイには華人も住んでいたので、天秤棒を担いで「牛肉炒め麺」を売る行商人にはベトナム人と華人の両方がいました。天秤棒には、一方の籠に鍋とそれを温める移動式コンロが、もう一方にはお茶碗や箸、牛肉とそれを切る包丁とまな板、そして調味料などが積まれ、彼らはハノイの通りを練り歩きました。「牛肉炒め麺」を売る時の掛け声は、ベトナム人はベトナム語、華人は漢越音の発音でした。

ハノイ人：Xao bo o…o…！
　　　　　（Xao＝「炒める」、bo＝「牛」）
華人　　：Ngau Nhuc Phan！
　　　　　（Ngau＝「牛」ないし「水牛」、
　　　　　　Nhuc＝「肉」、Phan＝「米」）

フォーを売る早朝の露店（ハノイ）

ナムディン式フォーの店（ハノイ）

　華人の掛け声の方がベトナム語より聞きやすく言いやすいことに気づいたベトナム人の行商人たちは、次第に華人の言い方を真似ていきました。「牛肉炒め麺」自体もだんだん売れるようになり、行商人は少しずつ言い方を短くしていきました。初めはやや省略して Ngau Phan a.a.a…！だったのが、Phan a.a.a…！、そして Pho a.a.a…（フォー　アー）と変化していきました。

　「牛肉炒め麺」のほうも、さっぱりとした透明な汁、細切りにした万能ネギと各種香草、胡椒、唐辛子、そしてニュクマムとのコンビネーションが定着し、鶏肉のフォーも生まれました。フォー用の麺も改良が重ねられ、薄からず厚からず、歯ごたえが適度に軟らかいという生麺が完成したのです。

　このように、フォーの歴史はそれほど古くはなく、また最初に生まれたのは牛肉のフォーだったのです。フォーがハノイ中に普及したのは1940年代という説もあります。ベトナム人は一様に、「フォーといえばハノイだよ」と言いますが、こうした由来は意外に知られていないようです。

　ハノイの南東約70kmに位置するナムディン省のフォーは、ハノイとは全く異なる味で知られています。フォーの麺はこの地方特産の米から作られ、風味もコシも、明らかに違います。牛肉は薄くスライスし、ほどよく鮮度が保たれた状態で軽く叩き、熱い汁を上からかけるのでいっそう旨みが増します。

　サイゴンなどの南部では、フォーは北部とはやや異なる味に発展していきました。まず、南部の人は昔から濃いめの汁に慣れていました。また、野菜が豊富だったので、自分たちの味覚に合うようにアレンジしていったのです。例えば、汁には骨ガラの脂分や赤・黒の各種味噌を入れたり、モヤシや南部特有の香りのある野菜類を入れたりします。カンボジアやタイの文化の影響もある南部では、様々な種類の味が混ざりあって出来上がった複合的な味わいを好むようです。

グリルした魚（チャー・カー）の旨みがブーン麺に合います　　　　　　　北
ハノイ風チャー・カー入りブーン　Bún chả cá Hà nội

《用意する食材》
- (1) 魚の白身：300g（きれいに洗い、一口サイズにカット）
- (2) ブーン麺（1.2mmのビーフン）：200g（茹でておく）
- (3) ニンニク：10g（刻む）
- (4) サラダ油：小さじ2
- (5) バイン・ダー（ベトナム式せんべい）
　　　：1枚（一口サイズに砕く）

> 魚は、白身が歯ごたえのある淡水魚（雷魚など）がおいしい。

> 現地ではブーン麺は生麺が基本ですが、乾麺でもOK。

Ⓐ ニュクマム：小さじ1
　生姜汁：小さじ半分
　ウコンの粉：小さじ半分

Ⓑ 大葉：5g（千切り）
　落花生：20g（適度の大きさに砕く）

Ⓒ マム・トム：大さじ2
　レモン汁：1個分
　砂糖：大さじ1
　唐辛子：1片
　日本酒：小さじ1

《作り方》

① ボールに、魚の白身に🅐をよくからめ、15分おく。
② ①をフライパンで表面がこんがりするまで焼く。これがチャー・カー。
③ 🅒を混ぜてタレにする。マム・トムを先に入れ、残りの調味料でマム・トムの濃さを加減するとよい。
④ 鍋にサラダ油を引いて熱し、ニンニクを炒める。火が通ったら②を入れてよくからめ、🅑を入れる。
⑤ 頂く時は器にブーン麺を盛り、④をのせ、バイン・ダーをふりかける。その上に③のタレをかける。

① 魚の白身に🅐の半分をよくからめ、15分おく。

② フライパンで表面をこんがり焼く。

④ 鍋で生姜を炒め、②と🅑、🅐の残り半分を入れる。

《ナムの話》

「バイン・ダー」は米粉から作られています。日本のおせんべいと形状がよく似ていますが、大きさは直径30cmくらいあります。焼く前に天日で干して、それから焼きます。大きいので、食べる時は砕いたりします。

飾り：ディール、万能ネギ

麺類　23

ハノイのブーン・チャー・カー
Bún chả cá Hà Nội

ハノイを代表する麺料理の1つが、ブーン・チャー・カー（ハノイ風チャー・カー入りブーン）。「チャー・カー・ラヴォン（Chả Cá Lã Vọng）」という言い方でも有名です。チャー・カーという、魚が具の料理をブーン麺と食べるのでこの名前がついています。

ブーン・チャー・カーは、1920年代、ドアン家が生み出した麺料理です。ドアン家は、ハノイの旧市街で塗装業者がひしめくハーン・ソーン通り（Phố Hàng Sơn）の一角で、豚肉を具とするブーン・チャー屋を営業、おいしいと評判でした。

ここの主人が、たまたま隣の店にあったラ・ヴォン（太公望）の像を見つけて気に入り、すぐに買って自分の店先に飾りました。ラ・ヴォンがさおを持って魚を釣っている像ですが、それにヒントを得た主人が、今までの豚の具から魚（カー）に代えてブーン・チャーを出したところ、これが大うけしたのです。店は客であふれ、ハーン・ソーン通りはいつしか人々から「チャー・カー通り」と呼ばれるようになりました。

この料理で使用される魚は、本来、ナマズ科の淡水魚だったのですが、乱獲などにより量が減り、現在では雷魚が使用されています。チャー・カー通りの本店は看板こそ新調したものの、店構えは昔と変わらないままです。2階に上がる階段は木造で幅が狭く、大柄の人には少し窮屈なくらいです。それでも、伝統の味とともに雰囲気をも変えないためなのでしょうか、家屋の改装にもなかなか着手しないようです。

おいしい店の並ぶカムチー横丁（ハノイ）

牛肉のジューシーさが引き立ちます

牛肉炒め入りブーン　Bún thịt bò xào

《用意する食材》
(1) 牛肉のヒレ肉：400g
(2) ニンニク：5g（つぶしておく）
(3) 玉ネギ：1個（200g）（縦に薄くカット）
(4) ブーン麺（ビーフン）：200g（茹でる）
(5) 生野菜：200g（細切り）
(6) 甘辛風味のニュクマム（☆）：大さじ6
(7) サラダ油：適量

Ⓐベトナム醤油：小さじ2
　砂糖：大さじ1
　胡椒：小さじ1/4
　オイスターソース：小さじ1
　ごま油：大さじ1

Ⓑ落花生：50g（適度に砕いておく）
　フライドオニオン：30g

《作り方》
① 牛ヒレ肉を薄くスライスしⒶに10分漬けておく。

② 熱したフライパンにサラダ油を引き、ニンニクを炒め、香りが出たら①を入れてよく火を通す。玉ネギを入れ2〜3分手早くかき混ぜる。

③ ブーン麺を丼に盛り、上に炒めた牛肉、生野菜を置きⒷを振りかける。

甘辛風味のニュクマムをかけてどうぞ。

飾り：大葉、紫キャベツなど

麺類

古都フエの庶民料理、辛さが際立つ牛肉入りブーン

ブン・ボー・フエ Bún bò Huế

《用意する食材》
(1) 牛ガラ：1kg
(2) 牛すね肉：1kg
(3) ブーン麺（1.5mmの太麺ビーフン）：400g（4人分）（茹でる）
(4) レモングラス：5本
(5) フエのマム・ズォック：小さじ3
(6) 粉唐辛子：10g
(7) サラダ油：適量
(8) 調理用スープ（☆）：煮込みに必要な量

Ⓐ レモングラス：50g（すりつぶす）
　唐辛子：2本（すりつぶす）

Ⓑ ニュクマム：大さじ2
　砂糖：大さじ2
　水：大さじ1

Ⓒ 塩：大さじ2
　砂糖：大さじ3
　ニュクマム：大さじ2

Ⓓ レモングラス：20g（すりつぶす）
　唐辛子：2本（すりつぶす）

Ⓔ 万能ネギ：50g（千切り）
　玉ネギ：50g（薄く輪切り）
　フライドオニオン：30g

お好みで
Ⓕ モヤシ：200g／レモン：1個／
　生唐辛子：1本（薄く輪切り）／
　スィートバジル：少々

《作り方》

① 熱した鍋にサラダ油を引き❹を手早く炒め、香りが出たらすぐ❺を入れる。火にかけて2分で凝固したサテーができあがる。

② 調理用スープで牛ガラを煮る。アクをきれいに取り除き、レモングラスを入れて2時間とろ火にかけ充分煮込む。❻を入れ味を出す。牛すね肉を入れ1時間茹でれば柔らかくなる。

③ 熱したフライパンにサラダ油を引き❼を手早く炒め、香りが出たらフエのマム・ズォック、粉唐辛子を入れる。2〜3分炒めると、きつい香りが和らぐ。②の鍋にすべて入れる。

④ 味見して、辛さとしょっぱさ、甘みが混ざりあいレモングラスの香りが出ていればOK。

⑤ 牛すね肉を薄くスライスし、ブーン麺をどんぶりに盛った上に並べ❽を少しずつ振りかけ、②の汁をかける。

⑥ 食べる直前にサテーをかける。お好みで❾の野菜とスィートバジルをのせ、熱いうちに頂く。

> サテーとは：
> 赤ワケギ、レモングラス、干しエビ、調味料をよくすりつぶした上で、サラダ油などの油で炒めて作る、結構辛いチリ・オイル的な調味料です。

《ナムの話》

中部フエの人々は、中部名産の「マム・ズォック」（Mắm ruốc）という辛味が効いた発酵食品をこよなく愛します。ブン・ボー・フエを食べる時は必ずこの「マム・ズォック」を入れるので、スープは赤みがかり、辛さが強調された仕上がりになります。

ここのブーン麺は米から作られ、ハノイのブーンより太く日本のうどん麺に似ています。

ベトナム料理の中で、最初から唐辛子がたっぷり入った料理は、ほとんどが中部にあるといっても過言ではありません。中部料理が辛い原因は、隣国ラオスの影響を強く受けていると言われています。

飾り：ハーブ、ネギ、唐辛子

麺類 27

香り豊かな南部風焼肉
ラム（焼肉）入りのブーン　Bún thịt ram

㊗南

《用意する食材》
(1) 豚モモ肉：500g
(2) ココナッツジュース：350cc
(3) ブーン麺（ビーフン）：200g

A
(a) ニュクマム：125cc
　　砂糖：100g
　　ココナッツジュース：65cc

(b) レモン汁：18.5cc
　　ニンニク：5g（刻む）
　　唐辛子：5g（刻む）

B ニンニク：5g（刻む）
　　唐辛子：5g（刻む）
　　ニュクマム：大さじ2
　　砂糖：大さじ2

C レタス：200g（みじん切り）
　　キュウリ：2本（千切り）
　　落花生：50g（適度に砕いておく）
　　フライドオニオン：30g

《作り方》

① 甘辛味のタレを作る。❹の (a) を熱し混ぜてから冷まし、(b) を入れて出来上がり。

② 豚モモ肉を❺に 30 分漬け、表面が黄色くなるまで焼く。

③ ②にココナッツジュースを入れて蒸発するまで熱し、できたら冷まして薄くスライス。

④ ブーン麺を柔らかくなるまで茹でる。水でよく洗い流し、ザルで水気を切る。

⑤ ④のブーン麺を丼に盛り、スライスした肉を花びら状にきれいに並べる。その上に❻のレタスとキュウリをのせ、さらに落花生とフライドオニオンを振りかける。

①で作ったタレをかけて頂きます。

②表面が黄色くなるまで焼く。

③ココナッツジュースを入れ、蒸発するまで熱する。

> ラムとはベトナム南部式の焼肉のことです。羊肉ではありませんよ！

③ラムの出来上がり。

飾り：大葉、レタス、コリアンダー

麺類　29

ブーン麺料理の王様
ブーン・ターン　Bún Thang

（北）

《用意する食材》
(1) 鶏ガラ：1kg
(2) ブーン麺（1.2mmのビーフン）：400g（4人分）（茹でておく）
(3) 鶏肉（モモ肉）：200g（皮がついているとおいしい）
(4) 調理用スープ（☆）：鶏ガラを鍋で煮込む時に、鶏ガラに水がかぶるくらいの量
(5) サラダ油：適量

Ⓐ 塩：小さじ2
　砂糖：小さじ3
　ニュクマム：小さじ2
　鶏ガラスープ：小さじ2

Ⓑ ベトナム・ハム「ゾー・ルゥア」（p.146
　参照）：200g（千切り、または細長く切る）
　卵：2個
　干しエビ：50g
　万能ネギ：50g（みじん切り）

お好みで
Ⓒ マム・トム：50g／レモン：1個／
　唐辛子：1本（細い輪切り）

《作り方》

① 鶏ガラを調理用スープでよく煮込み、Ⓐを入れてとろ火にする。

② ①に鶏肉を入れよく火を通す。取り出して冷まし、肉を縦に細く切るか裂く。皮は細切り。

③ サラダ油を薄く引いたフライパンをとろ火で熱し、よく溶いた卵を薄く伸ばす。クレープ状になったら取り出し幾重にも重ねて細切りにする。

④ 干しエビをよくすりつぶし、フライパンで炒める。

⑤ どんぶりにブーン麺を適量入れ、Ⓑを少量ずつ順番に入れ、①の鶏ガラのスープをかける。

> ブーンという麺は、ありとあらゆる料理で用いられます。日本ではよく「ビーフン」と表記されていますが、ベトナムのブーンは「ビーフン」より太く、約1mmサイズのものが一般的です。

Ⓑをそれぞれ小皿に用意してテーブルに並べ、自分の好きな量をトッピングします。お好みでⒸを入れて下さい。

熱いうちにどうぞ。

《ナムの話》

米粉が原料のブーンは、一般家庭ではご飯代わりにもします。それはブーンが温かい料理にも冷たい料理にも合うからでしょう。ここでは、庶民的なブーン料理の王様とも言われる「ブーン・ターン」を紹介します。

「ブーン・ターン」の「ターン」(Thang)とは、本来は漢方の薬剤をつめる時の単位を指します。「包」のようなものです。この料理には、少し前までは高価とされた食材を、少量ずつ沢山の種類、用意しなければなりません。そこで、台所で小皿ごとに盛り付けて、並べて準備する様子がいかにも漢方薬を調合する風景に似ていることから、そう名づけられたと言います。

また、肉や卵を細切りにしたりするので手間がかかります。このように手のかかるブーン・ターンは、少しずつ上品に食べる料理で、伝統的なきちんとしたおもてなしをしたい人を招く時に用意されます。このため、一般のブーン料理とは一線を画しているとも言われるのです。

飾り：万能ネギ

もちもちしたベトナム的うどん

カニ肉のバイン・カイン　Bánh canh cua

〈南〉

《用意する食材》
- (1) カニ肉：200g
- (2) 調理用スープ(☆)：1.5 リットル
- (3) シイタケ：100g（薄くスライス）
- (4) バイン・カイン：500g（茹でる）
（太麺のうどんを代用しても OK）

Ⓐ 塩：小さじ 1
　砂糖：小さじ 1.5
　鶏ガラスープ：小さじ 1
　胡椒：小さじ半分

Ⓑ 万能ネギ：50g（刻む）
　フライドオニオン：30g

《作り方》
① カニ肉を炒め、香りが出たら火を止め、半分ずつに分ける。
② 調理用スープを鍋で沸騰させⒶとシイタケを入れる。①のカニ肉の半分と茹でたバイン・カインを入れて 5 分間沸騰させる。
③ ②をどんぶりに盛り、Ⓑをふりかける。残り半分のカニ肉もトッピングとしてのせる。

> 南部の庶民料理です。米粉を原料に、沸騰したダシに入れてできたものを細く切ればバイン・カインの出来上がり（次頁参照）。ここではカニ肉を使いますが、豚、鶏、エビと一緒に食べることもあります。

手作りの麺はおいしい

バイン・カイン（麺）の作り方

南

②2種類の粉がよく混ざり合うように柔らかめにもむ。

③めん棒で伸ばす。

《材料》
- (1) 米粉：300g
- (2) もち米粉：50g
- (3) ぬるめの湯：250cc
- (4) 塩：小さじ2

④細く切った麺を沸騰したところに入れる。

《作り方》
① 湯に塩・小さじ1を入れて溶かし込む。
② ボウルに米粉ともち米粉を一緒に入れ、①を少しずつ入れながらよくもむ。湯が全部入った頃には粉が混ざり合い、軟らかくなるように。それを丸めてビニール袋に入れる。
③ テーブルの上で、めん棒で伸ばし、包丁で食べ易いサイズに細く切る。
④ 水（分量外）を張った鍋を火にかけ、塩・小さじ1（分量外）を入れる。③を入れてよく火を通し、麺が浮かんだら出来上がりの目印。
⑤ ザルに移してよく水洗いする。

⑤ザルに移してよく水洗い。

麺類　33

春雨がこんなにおいしい麺料理に

鶏のミエン麺 Miến gà

《用意する食材》
(1) 鶏ガラ：1kg
(2) 鶏肉（モモ肉）：500g（鶏丸ごと1羽でも可。その場合はよく洗う。）
(3) ミエン麺（＝春雨）：200g
　（沸騰した湯で茹で、ザルで水気を切る）

お好みで
(4) ニュクマム：小さじ2
(5) レモン汁：1個分
(6) 唐辛子：1本（薄くスライスしておく）

🅐 塩：小さじ2
　砂糖：小さじ3
　鶏ガラスープ：小さじ2

🅑 ザウザム（p.78 参照）：50g（みじん切り）
　万能ネギ：50g（みじん切り）
　フライドオニオン：30g

《作り方》
① 鶏ガラを煮て煮込み汁を作る。🅐を入れよく溶け込ませる。

> ミエン麺は日本の春雨とほぼ同じ。色が少し黒っぽかったりします。キャッサバ原料のものも。

② ①の汁で鶏肉を18分煮る。肉を取り出し、とろ火にして少し煮詰める。

③ ②の肉を食べやすいサイズにスライス。

④ 茹でて冷めたミエン麺を、沸騰した湯で湯がくか電子レンジで温める。

⑤ ④を適量どんぶりに盛り、③をのせたら🅑を振りかける。

②の汁をかけて熱いうちに頂きます。お好みで（4）〜（6）を入れてください。

飾り：ハーブ、ネギ

ソフトなミエン麺にカニ肉の柔らかさ

ミエン麺のカニ炒め　Miến xào cua

《用意する食材》

(1) カニ肉：100g
(2) ミエン麺（＝春雨）：150g（茹でておく）
(3) 卵：1個（溶いておく）
(4) ニンニク：5g
(5) フライドオニオン：10g
(6) サラダ油：適量

Ⓐ 人参：30g（千切り）
　唐辛子：20g（千切り）
　万能ネギ：20g（縦に千切り）

Ⓑ ニュクマム：小さじ1
　胡椒：小さじ1/3
　塩：小さじ半分
　砂糖：小さじ2
　鶏ガラスープの素：小さじ1

《作り方》

① 熱したフライパンにサラダ油を引き弱火にする。そこに溶いた卵を薄く伸ばし、クレープ状にして細切りに。

② サラダ油を引いたフライパンでニンニクを軽く炒め、カニ肉とⒶを同時に入れてよく炒める。

③ 次にⒷを入れ、よく混ぜたらミエン麺を入れ、1分ほど強火で炒め、万能ネギを入れる。

④ お皿に移し、①とフライドオニオンを振りかければ出来上がり。

　熱いうちに頂きましょう。

飾り：大葉、ネギなど

麺類

北部がフォーなら南部はフゥー・ティウが一番
ミトーのフゥー・ティウ　Hủ tiếu Mỹ Tho

《用意する食材》
- (1) 鶏ないし豚のガラ：1kg
- (2) 鶏ないし豚のモモ肉：500g
- (3) フォー（2mmのもの）：320g（1人分80g）（茹でて冷ましておく）
- (4) 調理用スープ（☆）：5ℓ

Ⓐ 干しエビ：50g（表面を焼いておく）
　大根：100g（表面を焼いておく）

Ⓑ 塩：大さじ3
　砂糖：大さじ4
　鶏ガラスープ：小さじ3
　ニュクマム：小さじ2

Ⓒ ブラックタイガー：12匹（殻をむき背ワタを取る）
　うずらの卵：8個（茹でて殻をむく）
　豚レバーと豚ハツ：各100g（よく茹でる）

Ⓓ レモングラス：20g（すりつぶす）
　唐辛子：2本（すりつぶす）

お好みで

Ⓔ モヤシ：200g／ニラ：50g／
　春菊：100g／レタス：100g

Ⓕ レモン：1個／唐辛子：1本／
　ニンニクの酢漬け：50g（あれば）

《作り方》

① 鶏（豚）ガラを調理用スープで2.5～3ℓに減るまで煮込む。アクをしっかり取り、とろ火にしてAを入れ、さらに1時間煮る。

② Bを入れて混ぜ、モモ肉を入れ18分茹でる。汁が甘しょっぱく、鶏（豚）ガラの旨みがしっかり出ていればOK。

③ ②の肉を取り出して薄くスライス。

④ フォーをどんぶりに適量盛り、その上に肉を数枚並べ、CとDをのせる。

> 冬場など、フォーが冷えて温めたい場合は沸騰した湯で湯がくか、電子レンジで少し温めます。

熱い汁をかけて頂きます。お好みでEFもどうぞ。

《ナムの話》

フゥー・ティウは南部を代表する麺料理です。ホーチミン市の街角でフゥー・ティウを食べる時によく見かけるのは「フゥー・ティウ・ナンヴァーン」という文字です。この「ナンヴァーン」こそが本当のフゥー・ティウだと言われます。「ナンヴァーン」には隣国「カンボジア」の意味があり、フゥー・ティウはカンボジアから来た料理だということです。現在のベトナム南部はその昔、カンボジアだったのです。この料理は次第にベトナム人に受け入れられ、郷土料理となりました。

南部ミトーのフゥー・ティウは甘みが効いた、のどごしのよさで知られています。この地方は豊かな自然に恵まれ、フゥー・ティウのスープも自然の恵みで育った豚や鶏ガラ、様々な野菜、エビやカニの持つ自然の甘みを充分に活用してダシがとられます。

麺は米から作られ、細く短めにカットされます。これらを器に盛り、エビやウズラの卵、ハツ、レバー、ひき肉、フライド・ガーリックなどを山ほど盛りつけ、万能ネギやコリアンダーを振りかけます。傍らにはニンニクの酢漬けやレタス、モヤシ、ニラが別に置かれ、好みでトッピングします。

フゥー・ティウは底の浅い、比較的小ぶりの器で食べるのが一般的です。現地では朝食や夜食など、ちょっと小腹が空いた時にさっと食べるファストフードなのです。

飾り：コリアンダー、唐辛子

麺類

column

北・中部・南…地域で違う味や食べ方
Ẩm thực ba miền, sự khác biệt của mỗi miền

　ベトナム料理は、日本料理のように視覚的な味わいを追求するという面は（中部フエの宮廷料理を除いて）あまりありませんが、素材本来の味を生かし、効用・香味のある様々な香草による複合的な香りで引き立たせたり、漢方で言う陰性と陽性両方の野菜を配合したりするなどした、健康に配慮した自然志向的な料理です。

　「ニュクマム」やエビが原料の「マム・トム」といった独特の匂いを持つ発酵食品も多用するため、多少抵抗を感じる方もいるかもしれません。でも、味覚的にはことさら「辛い」とか「甘い」という偏りはあまりなく、食べる人の裁量で調味の加減も可能な点が特徴です。ただし、地方によってはかなり味の差があることは確かです。

≪北部≫
　一般的に北部人は「しょっぱい」味を好みます。また、多かれ少なかれ、唐辛子が個人の好みで加えられ、しょっぱさにピリッとした辛味が大好きです。刺激が大事なようで、来日する北部ベトナム人の中には日本の料理が出されると、片手に唐辛子そのものをかじりながら食べるつわものも珍しくなく、日本の七味などでは物足りないと言います。しかし、ベトナム料理の多くは調理段階から唐辛子を多く入れるわけではありません。あくまで食べる人の好みに応じて辛みを増減できるのが特徴です。

　日本で知られる「フォー」は北部の代表的料理の1つですが、このスープは肉ガラを長時間煮込みながらニュクマムの原液

ホーム・パーティ（ホーチミン市）

ベトナム伝統の犬料理の店の厨房（ハノイ）

などを加えて、素材本来のだしがバランスよく織り交ぜられるように作られます。
　ブロイラーの鶏は好まれず、肉の甘い地鶏を食べます。それを熱湯で茹で、塩・胡椒にレモン汁をつけて、素の味を味わうのです。日本人から見れば、自然の食材をいつでも口にできるベトナム人は、うらやましい限りです。彼らは素材そのものの旨みを、実によく知っているのです。豚も、早朝の市場でつぶしたてのものを買います。また、香草が豊富で、どの料理にどの種類の香草を用いるべきか、さらには漢方的な、食材の陰性・陽性の観点も加味しながら味を決めていきます。

　一般的に、北部の人々は人見知りでおとなしく、控え目です。封建的な習慣の名残もあるのでしょう。知らない人に対して容易に心の中を悟らせないという生活の知恵も、作用しているからかもしれません。しかし、お互いに気心が知れると会話も弾んできます。北部人はよく「プライドが高い」と言われますが、それは不完全なものを人様に見せたくないという気恥ずかしさと、「いいもの」だけを強調して見せたいという見栄っ張りの部分とが入りまじっているからだと思います。

≪中部≫宮廷料理の発祥地
　中部の味覚は、しょっぱさに加えて唐辛子による辛さが重視されます。また、中部は魚介類から作る発酵調味料の産地でも知られています。例えば小エビが原料の「マム・トム」。液状で、強力な刺激のある匂いを放ちますが、料理にほんの少し入れるだけで全体を香ばしくします。また、つけダレとして揚げ豆腐などにつけてもおいしく頂けます。ただし、原液段階だと非常に塩分が多いので、唐辛子や水などを入れて味や匂いを和らげるように調合します。
　長さ15cm位のエビまるごとを、甘辛の汁に長期間漬け込んだ「トム・チュオ」も有名です。こちらは、ボイルした三枚肉を

column

薄くスライスし、数種類の香草と一緒にしたものに、エビの形状はそのままのトム・チュオに少し付けて食べます。これらはいずれも長期保存が可能です。

　中部地方でこうした保存食が発達したのは、地理的条件や気候に関係があります。中部地方は毎年必ずと言ってよいほど洪水や台風に見舞われ、大被害を被っています。土地も痩せており、経済的後進地域で、住民の平均所得も極めて低く、食料が不足するとご飯に塩辛い「マム・トム」の液だけをかけて食べる、と言われるほどです。

　他方、宮廷料理の影響を受けた「正統的な」中部料理もあります。こちらは多くの色彩で彩られ、華やかです。「バイン・ベオ」はけっして華やかではないものの、手の込んだ少量の料理をたしなむという意味では、宮廷料理の特徴を表しています。

　中部地域は、一般的に地道な努力家が多いと言われています。北部も経済的に困窮した時期が続きましたが、中部の人々はそれに輪をかけて苦しかったため、家計のやりくりが大変でした。目の前の楽しみには目もくれず、ひたすら忍耐を重ねるのが中部の人だと言われています。

≪南部≫
　北部・中部と対照的に、南部の味覚は「甘辛」が基本です。もちろん、唐辛子が好きな人も多いのですが、その場合は個人で調整します。料理には、砂糖やココナッツミ

魚市場（ダラット）

果物市場（ベンチェ）

ルクが入っている場合が多いのが特徴です。この地域がその昔はカンボジアの一部だったことや、タイに近いこともその理由でしょう。

　南部は年間を通じて暑いので、人々は日常の体力保持のために上手に「甘辛」の風味を活用しています。

　例えば、3地域に共通して食卓には必ず並ぶ、「カイン」と呼ばれる具入りスープがあります。これは日本的な感覚で言うとお茶漬けとお味噌汁を足して2で割ったようなもので、ご飯にかけて食べるものです。スープのダシは肉や野菜、魚などから取り、様々な具も入ります。

　南部では、このスープの味も基本は甘辛く、魚や肉、野菜の他にパイナップルが具材として入れられます。このようにして複合的な味を出すことで、長期の暑さで減退した食欲を増進させてくれるのです。北部から来る人々はこの「甘辛」が苦手で、「甘すぎて食べられない」と言って口にしようとしない人もいます。逆に、南部人が北部に行くと「しょっぱすぎる」と言って苦笑します。

　また、北部の「フォー」は南部でも食べますが、汁はハノイよりやや濃く、レモンを搾ったり、モヤシなど地域の味覚に見合った野菜が使われます。こうした時も、両者は互いにその違いを指摘し合い、「口に合う、合わない」などと論じ合ったりするのです。

　南部にはメコン・デルタの恵みがもたらす豊かな土壌によって、豊富な種類の米や果実、野菜が育まれています。人々はその昔から、振り向けばすぐ傍らに自然があり、自然の恩恵に与れる生活を送ってきました。そうした風土の影響でしょうか、南部人は度量が広く、小さなことにあまりこだわらないと言われます。もちろん、元々は商業が盛んな地域なので、人間の性格にもかなりメリハリがあります。

基本の調味料

食材 1

ベトナム醤油（マジー）
Nước tương Maggi
ベトナムでは「マジー」（Maggi）と呼んで親しまれる。少し甘みがある。つけダレとしても。

ニュクマム
Nước mắm
Phu Quoc社製のものなど、ベトナム製がやはりおいしい。

鶏ガラスープの素
Knorr
ベトナムでは「クノール」（Knorr）というとこれ。粉状。

ベトナムみそ
Nước tương
甘味のある液状の味噌。生春巻きのタレなどに。

トム・チュオ
Tôm chua
エビの甘辛漬け。そのまま付け合わせなどに。（P.100参照）

（フエの）マム・ズォック
Mắm ruốc Huế
中部名産、辛味が効いた発酵食品。炒めてスープに入れる。（p.27参照）

マム・トム
Mắm tôm
エビを塩辛く醱酵させた、伝統的な長期保存調味料。ツケダレにも。匂いはきついが、やみつきに。（p.22、p.30参照）

調理済み フライドオニオン
Hành phi
料理の風味を一気に引き立たせる、魔法のふりかけ。

五味香
Ngũ vị hương
五つの味を併せ持つ調味料。風味を高める。

アラカルト料理

ベトナム料理の特徴は、「香り」が強いことです。調味料から食材に至るまで、調理の時にはあたり一面に独特の香りを放ちます。例えば「ラロット」の葉にニンニクを入れて火をかけると、家の隅々までラロット特有の香りが広がります。ベトナムの家は開放的なので、隣近所にその日のメニューがばれてしまうことも。

「マム・トム」や「ニュクマム」を使って調理する時も、同様です。火にかけると次第に強烈なにおいが、各所に充満します。発酵食品ですから、時には鼻をつまみながら料理することになったりします。

ニュクマムの染み込んだ手羽先の風味
揚げ手羽先ニュクマムソース Cánh gà chiên sốt nước mắm

南

《用意する食材》
(1) 手羽先：5本
(2) ニンニク：5g（薄くスライス）
(3) レタス：3〜4枚
(4) サラダ油：適量

Ⓐ 塩：小さじ半分
　ニュクマム：大さじ半分

Ⓑ ニュクマム：大さじ2
　砂糖：大さじ1.5
　鶏ガラスープ：小さじ半分
　水：大さじ1
　レモン汁：小さじ1

Ⓒ 万能ネギ：20g（みじん切り）
　唐辛子粉：5g
　玉ネギ：20g（薄くスライスしておく）

《作り方》

① 手羽先をボウルに入れ、Ⓐを加えてかき混ぜ 10 分おく。

② フライパンにサラダ油を熱し①を入れ、皮が黄色くなってパリパリしたら網などに移し油を切る。

③ 熱したフライパンにサラダ油小さじ 2 を引き、ニンニクを炒め、Ⓑを入れる。とろみが出てきたら②を入れて 1 分間かき混ぜながら炒める。

④ ③にⒸを入れて均等にかき混ぜる。

レタスを添えてどうぞ。

手でワイルドに食べましょう！

調理前の手羽先。

② サラダ油を熱し①の手羽先を入れ、皮が黄色くなってパリパリしたら網に移す。

③ サラダ油でニンニクを炒め、Ⓑを入れ、とろみが出てきたら②の手羽先を入れる。

飾り：コリアンダー

アラカルト

薬膳効能で体が温まります
鶏肉とニンニク薬膳炒め Gà nấu tỏi

㊗南

《用意する食材》
- (1) 鶏モモ肉：2本（600g）
- (2) ニンニク：4切れ
- (3) ココナッツジュース：625cc
- (4) 万能ネギ：50g（茎部分のみを使用し、みじん切りにする）
- (5) ごま油：小さじ1

Ⓐ 塩：小さじ1
　砂糖：小さじ2
　鶏ガラスープ：小さじ1
　胡椒：小さじ半分
　ベトナム醤油：小さじ1
　チリパウダー：小さじ2

Ⓑ ベトナム醤油：大さじ2
　鶏ガラスープ：小さじ1

《作り方》

① 鶏モモ肉を🅐に15分漬けておく。

② 味がなじんだら鍋で①の表面がこんがり焼けるまで火を通す。

③ 鍋にココナッツジュースを入れて熱し、②を入れて10分煮て、ニンニクを入れる。🅑を入れモモ肉が柔らかくなるまで20分程煮込み、万能ネギ、ごま油を入れる。

ネギで飾りつけると雰囲気が出ます。

フランスパンと相性がよい料理です。

調理前の材料。小皿の調味料は左からチリパウダー、砂糖、胡椒、鶏ガラスープの素

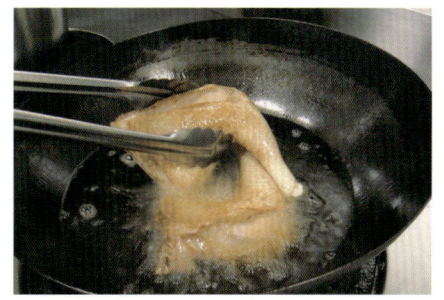

②鍋で①の表面がこんがり焼けるまで火を通す。

③モモ肉が柔らかくなるまで20分程煮込み、万能ネギ、ごま油を入れる。

《ナムの話》

ベトナムの農村では、各家庭で鶏を飼っています。その中から太って健康そうな鶏を選び、犬に追わせます。鶏は懸命に走りますが、力尽きた時を見計らって捕まえ、素早くつぶしてそのモモ肉を用います。

元気な鶏を使うこの料理は、現地では滋養強壮に効くと言われています。

飾り：コリアンダー、万能ネギ

アラカルト

鶏肉のチンゲン菜蒸し Gà hấp cải

手軽でおいしいベトナムの家庭料理

《用意する食材》
(1) 鶏のモモ肉：500g（右頁写真のように、切りやすいように肉をひもで縛ってもＯＫ）
(2) ごま油：小さじ1

Ⓐ 塩：小さじ1
　五味香：小さじ1/3
　砂糖：小さじ3
　オイスターソース：小さじ1
　鶏ガラスープ：小さじ2
　ベトナム醤油：小さじ1
　胡椒：小さじ1/3

Ⓑ チンゲン菜：200g（茹でる）
　人参：50g（花形にカットし茹でる）

Ⓒ 片栗粉：小さじ1（小さじ2の水で溶いておく）

Ⓓ 味塩：少々、レモン：1切れ（小皿に味塩を入れ、レモンを搾る）

《作り方》

①鶏のモモ肉に🅐をよくからめ20分ほどおく。

②深皿に移し、蒸し器などで20分ほど蒸し、食べやすい大きさにカット。出た肉汁は残しておく。

③🅑を蒸し器に入るサイズの皿に盛り付け、②の肉を盛る。

④②で残った汁に水75cc(分量外)を加え、煮て🅒を入れとろみを出す。

⑤④を③の上にかけてさらに3分ほど蒸す。

　ごま油をかけ、🅓につけて食べます。熱いうちに頂きましょう。

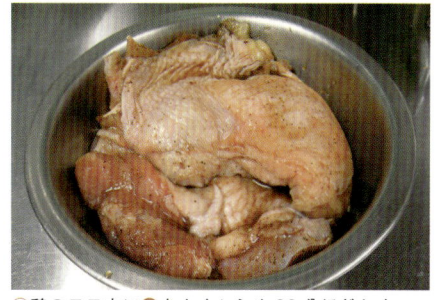

蒸し時間が長いので蒸し器の水が蒸発してなくならないよう注意！

①鶏のモモ肉に🅐をよくからめ20分ほどおく。

①蒸しあがった後に切りやすいよう、鶏のモモ肉を縛ってもよい。

②深皿に移し蒸し器などで20分ほど蒸す。

飾り：ネギ

アラカルト　　49

食欲そそるベトナム家庭料理
鶏肉と生姜の煮込み焼き Gà kho gừng

《用意する食材》
(1) 鶏のモモ肉：500g
(2) ニンニク：5g（刻む）

Ⓐ 生姜：50g（千切り）
　ベトナム風キャラメル液（☆）：小さじ1
Ⓑ ニュクマム：大さじ2
　砂糖：大さじ2
　塩：小さじ半分
　固形鶏ガラスープ：小さじ1
　胡椒：小さじ1/3

Ⓒ ココナッツジュース：250cc
　水：100cc

《作り方》

① 鶏肉を食べやすい大きさに四角くカットする。

② Ⓐを①に和え、Ⓑも入れてかき混ぜ15分おく。

③ 鍋にサラダ油を熱し、ニンニクを炒めて香りを出し、②を入れて炒める。

④ ③にⒸを入れて中火で熱する。水分が飛んで鶏肉の表皮がこんがり焼け、中が柔らかくなったら出来上がり。

白いご飯と一緒にどうぞ。

> 右写真で赤く見えるものは、レシピにはありませんが、唐辛子です。辛い味をお好みの場合はここで刻んだ唐辛子を入れます。

飾り：コリアンダー、唐辛子、レモングラス、キュウリなど

②Ⓐを①に和えⒷも入れてかき混ぜ15分おく。

②鶏肉に調味料を和える。

③鍋にサラダ油を熱し、ニンニクを炒めて香りを出し、②の鶏肉を入れて炒める。

その他の盛り付け例

アラカルト

露店風に、巻きながら食べておいしい
豚とエビミンチのサラダ巻き Nem nướng

《用意する食材》
- (1) 豚ひき肉：50g
- (2) ニンニク：5g（刻む）
- (3) オニオンオイル（☆）：大さじ3
- (4) 落花生：20g（砕いておく）
- (5) ライスペーパー：10枚
- (6) ブーン麺：200g（茹でておく）
- (7) レタス：200g（具が巻ける程度の大きさにちぎる）
- (8) サラダ油：適量

Ⓐ 豚肩ロース：300g（ミンチにする）
　ブラックタイガー：10尾分（100gをミンチ）

Ⓑ 落花生バター：30g
　ココナッツジュース：125cc
　トマトケチャップ：15g

Ⓒ 砂糖：小さじ1
　鶏ガラスープの素：小さじ半分
　ニュクマム：大さじ1

Ⓓ 塩：小さじ半分
　砂糖：小さじ2
　鶏ガラスープ：小さじ半分
　胡椒：小さじ1/3

＊串を6本使用します。

《作り方》

① つけダレを作る。鍋にサラダ油を熱し、ニンニクを炒める。香りが出たら豚ひき肉を炒め、火が通ったら❸を入れて沸騰させ、❹を入れる。3分ほどでとろみが出たら出来上がり。

② ❶に❷をよく混ぜ合わせ、15分おいたらこねる。串の長さにのばし、串に巻きつける。

③ 熱したオーブンに入れて表面が焼けるまで約4分加熱する。

④ 肉から串を抜き、皿に盛り付けたらオニオンオイルをたらし、落花生を上からふりかける。

柔らかくもどしたライスペーパーの上にレタス、ブーン麺を適量のせ、④をはさんで巻き、つけダレにつけて頂きます。

②❶に❷をよく混ぜ合わせ、15分おいたらこねる。

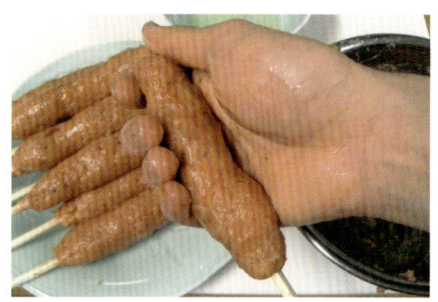

②串の長さにのばし、串に巻きつける。

飾り：キュウリ、水菜、紫キャベツ、ラディッシュ

アラカルト

肉に染み込むココナッツジュースのほのかな甘み 　南　中
豚肉のココナッツジュース煮込み Thịt kho nước dừa

《用意する食材》
- (1) 豚肉：500g（モモ肉か三枚肉）
- (2) ココナッツジュース：500cc
- (3) ゆで卵：2個（殻はむいておく）
- (4) ニンニク：20g（すりつぶしておく）
- (5) 唐辛子：20g（すりつぶしておく）
- (6) 水：300cc

Ⓐ 塩：小さじ1
　ニュクマム：小さじ4
　砂糖：小さじ3

《作り方》

① Ⓐをよく混ぜて調味料を仕込んでおく。

② 豚肉をゴージャスに厚めににカットし、①とニンニク、唐辛子を入れて1時間漬けておく。

③ ココナッツジュースに水300ccを加えて熱し②を入れて強火で煮る。泡がたったらきれいに取り除き、さらに弱火で煮る。

④ ③にゆで卵を入れる。肉が黄金色に変わったら出来上がり。

付け合わせにキュウリの塩もみなどを。

＊簡単なキュウリの塩もみの作り方
1mmほどの薄い輪切りにしたキュウリを塩でもみ、30分おいておく。しんなりしたら水気を搾る。

③ ココナッツジュースに水300ccを加えて熱し②の豚肉を入れて強火で煮る。泡は取り除く。

④ ゆで卵を入れて煮込む。肉が黄金色に変わったら出来上がり。

こんな食べ方もおいしい
豚と卵甘露煮丼　Xôi thịt kho

ソーイ（もち米をご飯を炊く要領で炊いたもの）をご飯茶碗に盛り、④の汁をかけたところに④の肉と卵をのせる。落花生を砕いて白ゴマに混ぜて作ったふりかけをかけると、一層風味が増します。

《ナムの話》
南部のテト（旧正月）料理の1つです。テトの間は料理を控えるため、保存が可能なこの料理を作って祭壇にお供えし、少しずつ食べます。また、朝食にどんぶりのようにして食べます（右「豚と卵甘露煮丼」）。

飾り：万能ネギ

豚と卵甘露煮丼　Xôi thịt kho

ヘルシーで腹持ちもいい

さやえんどうと牛肉炒め Đậu co-ve xào thịt bò

《用意する食材》
(1) インゲン：1袋（200g）（両端の先端を切って筋を取り、きれいに洗って水切りし写真のように薄く3mm程度にカット）
(2) 牛肉切り落とし：150g
(3) ニンニク：4切れ（たたいてつぶす）
(4) 万能ネギ：2本（1.5cm～2cmにカット）
(5) サラダ油：大さじ3
(6) 塩／胡椒：適量

《作り方》
①牛肉に塩・胡椒をふり、ニンニク1切れ分を入れ、よく混ぜて15分おく。

②強火で熱したフライパンにサラダ油・大さじ2を引き、ニンニク2切れ分を炒め、香りが出たら①を入れ手早く炒め、半生状態で皿に移しておく。

③②のフライパンにサラダ油・大さじ1を引いて熱し、ニンニク1切れ分を炒め、香りが出たら②のインゲンを入れ、塩胡椒をふり、箸で手早くかき混ぜる。

④インゲンが柔らかくなった頃合を見て②の牛肉を入れ、一気に両方を炒める。味を見て万能ネギを入れ、よくかき混ぜる。

熱いうちに頂きましょう。

南部の香漂うおかあさんの味

レモングラスと唐辛子炒め牛肉 Bò xào sả ớt

《用意する食材》

(1) 牛肉(ヒレ)：400g(薄くスライスしておく)
(2) サラダ油：適量

Ⓐ 赤唐辛子：1本（三角状にカットしておく）
　玉ネギ：1/2個（縦にカット）

Ⓑ レモングラス：50g（刻む）
　唐辛子：7g（刻む）

Ⓒ 塩：小さじ半分
　胡椒：小さじ1/3
　砂糖：大さじ1.5
　オイスターソース：小さじ半分
　ベトナム醤油：小さじ半分

《作り方》

① 牛肉にⒷの半分を混ぜⒸに15分漬ける。その後、ボウルに入れてよく混ぜておく。

② サラダ油を熱したフライパンでⒷの残りの半分を炒め、①を入れ強火で素早く炒める。

③ Ⓐを入れ、1分ほど炒めれば出来上がり。

　白飯と頂きます。つけダレにベトナム醤油や市販のチリソースをどうぞ。

アラカルト

フレンチなベトナム・シチュー
牛スネ肉の煮込み Bò kho

南

《用意する食材》
(1) 牛肉：1kg（スネ肉）
(2) 牛肉煮込み用調味袋：1袋
(3) 赤ワケギ：20g（刻む）
(4) 人参：300g（サイコロ状に小さくカット）
(5) ココナッツジュース：700cc（缶2本）
(6) 水：500cc
(7) サラダ油：適量

Ⓐ 生姜：50g（すりつぶす）
　レモングラス：3本（50g）（すりつぶす）
　赤ワケギ：50g

Ⓑ 塩：小さじ2
　胡椒：小さじ1
　砂糖：小さじ3
　鶏ガラスープ：小さじ2

Ⓒ 片栗粉：20g（水20ccで溶いておく）

Ⓓ 玉ネギ：50g（薄くスライス）
　万能ネギ：50g（みじん切り）

お好みで

粉唐辛子を混ぜた塩50gにレモン1個を搾ってかけ、小皿に用意。

《作り方》

① 牛肉をサイコロ状に切り、牛肉煮込み用調味袋の半分と Ⓐ、Ⓑ をよく混ぜ、からめ、1時間ほどおく。

② 深めの厚手の鍋を熱しサラダ油で赤ワケギと調味袋の残りを炒める。香りが出たら①を入れ、よく火を通す。ココナッツジュースと水を入れる。

③ フライ返しで肉を返し、沸騰させる。アクをよく取り、とろ火にし、肉が柔らかくなったことを確認する。

④ Ⓒを③に入れて、とろみがついたら出来上がり。お皿に盛り付け、上にⒹをふりかける。

ミディアムの赤ワインによく合います。

ご飯でもフランスパンでもどうぞ。

①牛肉をサイコロ状に切り、牛肉煮込み用調味袋半分とⒶ、Ⓑをよく混ぜ、からめ、1時間ほどおく。

②深めの厚手の鍋を熱し赤ワケギと調味袋の残りを炒める。

牛肉煮込み用調味袋（gia vị nấu bò kho）は、ベトナムで市販されている専用の調味料ミックスです。ベトナムでは、牛スネ肉の煮込みを作る時にこれで、料理しています。いろいろな銘柄があります。（p.146 参照）

飾り：ハーブなど

ラロットの甘い風味が牛肉に驚くほど合う
牛肉のラロット包み焼き Bò nướng lá lốt

全

この写真はおもてなし用に飾りつけてあり、ブーン麺は別になっています。

《用意する食材》
(1) 牛ひき肉（脂身が多いもの）：300g
(2) ガーリックオイル（☆）：小さじ1
(3) ラロット：15枚（大葉で代用可）
(4) サラダ油：少々
(5) ブーン麺：200g（茹でておく）
(6) 甘辛風味のニュクマム（☆）：大さじ5
(7) つま楊枝：適宜

Ⓐ 赤ワケギ：15g（刻む）
　レモングラス：15g（刻む）
　カレー粉：小さじ1
　五味香：小さじ1

Ⓑ 塩：小さじ半分
　砂糖：小さじ1.5
　鶏ガラスープ：小さじ1

《作り方》

① 牛ひき肉をボウルに入れて🅐と🅑を順に混ぜてよくこねる。15分おき、ガーリックオイルを入れてよく混ぜる。

② ラロット（大葉）の裏側を上に向け、①を適量のせる。のせたら両端を折りこんで巻き、つま楊枝で留める。これを繰り返す。

③ サラダ油を引いたオーブンまたはフライパンで5分焼けば出来上がり。

④ ブーン麺を適量、ご飯茶碗に入れ、その上に③をのせる。

甘辛風味のニュクマムを少しかけて頂きましょう。

②ラロットの裏側を上に向け、①をのせたら両端を折りこむ。

②折ったら巻く。

②つま楊枝で留める。これを繰り返す。

《ナムの話》

日本では手に入りにくいラロットですが、ベトナム食材店で扱っています。
牛肉によく合い、焼いた時にいっぱいに広がる甘い香りはなんとも「たまりません」！
ぜひ試して頂きたい一品です。

飾り：キュウリ、トマト、レタス、万能ネギ

ピリ辛感にレモングラスの爽やかさ
レモングラス風味の牛焼肉 Bò nướng sả cây

中

《用意する食材》
- (1) 牛のひれ肉：300g（5等分にカット）
- (2) ブーン麺：200g（茹でておく）
- (3) レタス：200g（付け合わせ用）
- (4) レモングラス（スティック）：5本（たたいてつぶしておく）
- (5) ベトナム醤油 or 甘辛風味のニュクマム（☆）：適量（お好みでつけダレに）

Ⓐ レモングラス：30g（刻む）
　唐辛子：15g（刻む）

Ⓑ 塩：小さじ半分
　砂糖：小さじ2
　胡椒：小さじ1/3
　ベトナム醤油：小さじ1
　五味香：小さじ1/3
　サラダ油：小さじ1

Ⓒ 落花生：10g（小さく砕く）
　フライドオニオン：5g
　オニオンオイル：小さじ2
　ガーリックオイル（☆）：小さじ1

《作り方》

① ⓐとⓑをよく混ぜたところに牛ひれ肉を入れ15分おく。

② レモングラスを包丁の平らな面で平たくたたいてつぶす（刃の扱いに注意）。レモングラス1本ごとに肉を巻きつけ、オーブンまたはフライパンで4分ほど焼く。

③ こぶし大の量のブーン麺を皿につけるかお椀に入れ、②をのせ、さらにⓒをふりかける。

④ 食べやすい大きさにレタスをちぎり、お椀にのせる。

ベトナム醤油や甘辛風味のニュクマムなどをつけダレに、レタスを付け合わせにして頂く。

材料（肉、レモングラスなど）

飾り：人参など

しょっぱさと甘さがとろけ合い、ご飯にぴったり。酒の肴にも

スペアリブのココナッツジュース煮 Sườn ram mặn

《用意する食材》

(1) カルビ：500g
(2) 赤ワケギ：30g（刻む）
(3) ココナッツジュース：300cc（缶1本分）

Ⓐ 塩：小さじ1
　 胡椒：小さじ1
　 砂糖：小さじ2
　 ニュクマム：小さじ2
　 鶏ガラスープ：小さじ1
　 ベトナム風キャラメル液（☆）：小さじ1

《作り方》

① カルビを食べやすい大きさにカットし、Ⓐをよくからませて20分ほどおく。

② 熱した鍋で①と赤ワケギを炒める。水分が飛んだらココナッツジュースを入れてとろ火にする。

③ ココナッツジュースの水分が飛んでカルビがこんがり焼け、肉が柔らかくなったら出来上がり。甘辛の味が、ご飯にとてもよく合います。

飾り：コリアンダー、ネギ

赤ワインが似合うカントーの家庭料理

レモングラス香味のスペアリブ Sườn nướng chả chìa

南

《用意する食材》
(1) スペアリブ：500g（4本くらい）
(2) サラダ油：大さじ1
(3) 甘辛風味のニュクマム（☆）：大さじ4

Ⓐ 塩：12g
　砂糖：50g
　ニュクマム：20g
　鶏ガラスープ：5g
　五味香：5g
　生唐辛子：5g
　レモングラス：10g
　　　　（つぶしておく）
　赤ワケギ：5g
　　　　（つぶしておく）

飾り：ハーブ

メコンデルタ地方の国際都市、カントーに伝わる家庭料理。味が濃く、赤ワインとよく合います。スペアリブの形状を生かした盛り付けを楽しめます。

《作り方》
① スペアリブの2/3あたりまで縦に包丁で切れ目をつけ、肉を残りの1/3部分に向かって折り返して塊にする。肉をむいた後の2/3ほどの骨の部分が持ち手になる。

② ①をⒶによく混ぜてなじませ、20分ほど漬ける。

③ ②にサラダ油をまんべんなくかけ、表面が黄色くなるまでオーブンで焼く。レモングラスのはっきりと甘辛い香りがただよう。

④ 皿に盛り付け、レタス、キュウリや蓮茎の酢漬けを添える。甘辛風味のニュクマムをつけダレに、ご飯と一緒にどうぞ。

付け合わせ：レタス：100g
　　　　　　キュウリの酢漬け：20g
　　　　　　蓮茎の酢漬け：10g（瓶詰）

アラカルト　65

column

食べ方とマナー
Tác phong ẩm thực của người Việt

　ベトナム人の食事の基本は家族や親族、そして客人と一緒に食べることです。それを象徴するのは直径約1mあまりのお盆です。昔は銅製でしたが、後に安価なアルミ製に変わりました。このお盆の上におかずを並べ、皆で囲んで料理を頂くのです。お盆を囲む人数は普通は6人とされ、冠婚葬祭などの祭事では「お盆〇〇枚」で招待者数を換算できるようになっていました。

　また、男尊女卑の因習が残る地方に行くと、男性と女性・子どものお盆が区別されていることもあります。従来は料理を作り、お盆に並べて準備とするのは女性の仕事とされてきました。ご飯をよそうのも女性なので、おひつや炊飯器の側は女性の指定席でした。現在では生活様式の変化もあり、特に都市部では、男性が食事を作ることも当たり前になりました。

　さて、ベトナム人宅に招待され着席すると、客人として丁重にもてなされます。料理がどんどんご飯茶碗に盛られ、酒・ビール類も注がれてゆくのが普通です。お箸は日本より長めですが、料理は取り箸のないことが多く、逆のきれいな方でつまんだりしてくれます。そうした時は断らず、「どうもどうも」とお礼を言いながら頂くのが礼儀です。そのお返しに、こちらからも積極的に同じようにすることは礼儀にかなっているので、是非やってみましょう。その場合、席の年長者を優先するのがしきたりです。

レストランの麺類コーナー（ハノイ）

column

　食べ始めの挨拶は、南北間ではっきり異なります。北部では、食事を開始する時に、いわゆる「頂きます」をきちんと言う習慣があります。少なくとも相手に「どうぞ」程度は口にすることが礼儀なのです。これが南部だと、食卓に着いて箸を持ったらすぐにめいめいが食事を始めます。

　南部にも北部出身者がかなり移住しており、北部の習慣を守る人もいますが、生粋の南部人にはそういう手続きが仰々しく映るようです。私も律儀に挨拶をしたら相手にニヤリとされ、「それは北の習慣ですね」と言われたことがあります。

　ベトナムの家庭では、取り皿はあまり使いません。1つ1つの料理がそれぞれ大きな皿に盛ってあり、それを皆で一緒につついて食べることで一体感を持つのです。おかずのつけダレも共有することがありますが、抵抗感がある時は小さなお椀を余分に頼むといいでしょう。

　もし、もうこれ以上食べられないのに相手がすすめてくれたら、両手で軽くお椀を隠して「ノーゾイ・ア」(もうお腹が一杯です)と言えば加減してくれます。反対に、おいしいからといってすべて平らげるよりは多少残すことも、礼儀の1つです。

　麺類は音を出して食べないことがマナーです。また、どんぶりごと持ち上げるのも良くないとされます。テーブルの上に置いたまま、れんげやスプーンでゆっくり食べて下さい。

早朝の露店 (ハノイ)

レストランで食事会（ダラット）

　「フォー」をフォー屋さんで食べる時に、なぜか現地の人はおかわりをしません（学生は除きます）。たとえおいしくても必ず1杯しか食べないのです。2杯以上食べることがはしたないと言うわけではないのですが、暗黙の了解になっているようです。それでは足りない人は、予め麺を多く入れてもらいます。油で揚げた「揚げパン」がよく机の上に置いてあるので、それをたくさん食べてもよいと思います。

　ビールやお酒は、お互いに注ぎ合います。招かれたからといって何もしないより、雰囲気作りに一緒に参加することがお勧めです。基本的に、ベトナムでは女性のほとんどがタバコと同じく、ビール・酒類は口にしないとされてます。これは封建社会の影響と言えるでしょう。しかし、女性の社会進出に伴って接待の機会が増えたため、稀ですがビール・酒を付き合い程度に口にする女性も見かけるようになりました。

　出された料理に常に「おいしい」と言うことも大事です。そして、「これは何ですか？」（カーイ・ナイ・ラ・カーイ・ジィ？）と質問すれば、相手も説明に熱が入り、食卓が盛り上がるでしょう。

ベトナムの焼きナス

ナスのオニオンオイル焼き Cà tím nướng mỡ hành

南

《用意する食材》
(1) ナス：5本（300g）（縦に四つ切り）
(2) 甘辛風味のニュクマム (☆)：大さじ 1.5
(3) オニオンオイル (☆)：大さじ 1
(4) フライドオニオン：大さじ 1

《作り方》
① ナスをオーブンに入れて焼く。火が通ったら皮をむき大きめの皿に並べる。
② (2)〜(4) を順番にかければ出来上がり。

ご飯と一緒におかずとして頂きます。

> 地方の家庭料理の1つ。酒の肴としても、なかなかです。

飾り：大葉、万能ネギ、人参

アラカルト

ベトナムの家庭的な味わい　　　　　　　　　　　　　　南

ニガ瓜と卵炒め Khổ qua xào trứng

《用意する食材》

(1) ニガ瓜：1本ないし250g（薄くカット）
(2) ニンニク：5g（刻む）
(3) 卵：2個（溶いておく）
(4) 万能ネギ：20g（小さく刻む）
(5) 甘辛風味のニュクマム（☆）：適量
(6) サラダ油：適量

Ⓐ 塩：小さじ半分
　砂糖：小さじ1
　ニュクマム：小さじ1

《作り方》

① ニガ瓜をかるく湯通しする。

② サラダ油を引いた鍋でニンニクを炒め、香りが出たら①を入れて手早く炒める。

③ 続けてⒶをかけてよく混ぜたら、卵を入れて1分半炒める。

④ 万能ネギをふりかければ出来上がり。

甘辛風味のニュクマムにつけて頂きましょう。
ご飯と相性の良い家庭料理です。

飾り：食材

カキの季節には、おもてなし料理にぜひお勧め
カキの焼き料理 Hào nướng

《用意する食材》

(1) カキ（殻付き）：5個
(2) 生姜：30g（みじん切りに）
(3) オニオンオイル（☆）：大さじ2〜3
(4) 落花生：10g（砕く）
(5) フライドオニオン：10g

Ⓐニュクマム：大さじ3
　砂糖：大さじ3
　水：小さじ1
　粉唐辛子：小さじ半分

《作り方》

① Ⓐ をすべてボウルに入れて混ぜる。生姜を入れてさらに混ぜる。

② よく水洗いしたカキをコンロに並べ、1個につきオニオンオイル小さじ1をかけて30秒ほど焼く。カキの表面が煮え出したらOK。

③ 皿に盛り付け、①と落花生とフライドオニオンを適宜振りかける。

熱いうちに頂きましょう。

飾り：大葉、コリアンダー

栄養たっぷりのベトナム温野菜
ブロッコリーとエビ炒め Tôm xào bông cải

《用意する食材》
(1) ブラックタイガー：12尾（400g）（殻・背ワタを取る）
(2) ブロッコリー：150g（食べやすい大きさにカット）
(3) 人参：30g（食べやすい大きさに乱切り）

> 人参を花型にカットしても見栄えが良いです。

(4) 玉ネギ：30g（縦にカット。幅は1.5〜2cm位）
(5) ニンニク：5g（刻む）
(6) 香味オイスターソース（☆）：小さじ2.5
(7) サラダ油：適量

飾り：食材

《作り方》
① ブラックタイガーをザルに入れ沸騰した湯で素早く湯通しする。
② ブロッコリー、人参、玉ネギを沸騰した湯にくぐらせる。
③ フライパンにサラダ油を引き、ニンニクを炒め、香りが出たら①と②を入れ手早くかき混ぜながら炒める。香味オイスターソースをかけて均等に混ぜ合わせ、1分半炒める。

ご飯と一緒にどうぞ！

甘くしょっぱい南の味

エビのココナッツジュース煮込み Tôm rim nước dừa

《用意する食材》

(1) ブラックタイガー：500g（殻・背ワタを取りきれいに洗ったら水気を取る）
(2) ココナッツジュース：150cc
(3) 水：125cc
(4) 塩：小さじ1
(5) サラダ油：適量

Ⓐ 水：大さじ1
　砂糖：小さじ2
　ニュクマム：小さじ2
　（よく混ぜておく）

飾り：ネギ、唐辛子

《作り方》

① ブラックタイガーに塩・小さじ1をまぶし、完全に水気を取る（こうすると身が引き締まり甘みが増す）。

② サラダ油で熱したフライパンにエビを入れまんべんなく火を通す。

③ エビが赤色に変わったらココナッツジュースの半分（75cc）と水を入れ、とろ火で煮る。よく混ぜてエビにココナッツジュースをなじませる。

③ ココナッツジュースの水分が飛んでなくなりかけたら残りの半分を入れ、よく混ぜたⒶを加えてさらに煮る。ココナッツジュースが乾いて固まったら出来上がり。

ご飯がどんどんすすむ料理です。

アラカルト　73

ベトナム風のおいしい白身魚
魚とシイタケ蒸し Cá hấp nấm

全

《用意する食材》
(1) 魚の白身（バサ魚ないしタラ）：400g
　　（白身を3等分くらいにカット）
(2) ガーリックオイル（☆）：小さじ2

> バサ魚とはベトナム・ナマズのことです。

Ⓐ ベトナム醤油：小さじ2
　 砂糖：大さじ1.5
　 オイスターソース：小さじ1
　 胡椒：小さじ半分

Ⓑ シイタケ：100g
　 生姜：20g（千切り）
　 人参：30g（薄切り）

Ⓒ 万能ネギ：30g（細切り）
　 唐辛子：1本（千切り）
　 フライドオニオン：10g

飾り：ハーブ、ネギ、唐辛子

《作り方》
① Ⓐをボウルに入れてよく混ぜておく。
② きれいに洗った魚の水気を取り、①に15分ほど漬ける。
③ 鍋に入る大きさの皿に②とⒷをおき、ガーリックオイルをかけて20分ほど蒸す。
④ 蒸し終わったら取り出してⒸをふりかける。

熱いうちに頂きましょう。

魚の旨みに甘辛のベトナム風味

魚の煮込み（甘露煮）Cá kho tộ

《用意する食材》
(1) バサ魚の白身：400g（きれいに洗いザルで水気を切る）
(2) 万能ネギ：50g（葉の部分だけ使用。刻んでおく）
(3) 赤ワケギ：20g（刻む）
(4) 唐辛子：1本（刻む）
(5) ベトナム風キャラメル液（☆）：小さじ2
(6) ガーリックオイル：小さじ1
(7) 白胡椒：小さじ半分（なければ普通の黒胡椒で可）

Ⓐ 塩：小さじ1
　胡椒：小さじ1
　砂糖：小さじ3
　ニュクマム：小さじ2

飾り：ネギ

> バサ魚とはベトナム・ナマズのこと。カレイで代用できます。

《作り方》
① Ⓐをよく混ぜておく。
② 魚を食べやすい大きさにカットする。
③ 万能ネギ、赤ワケギ、唐辛子、ベトナム風キャラメル液をボウルに入れ、混ぜる。次に①を入れ、よく混ぜたら魚を15分漬ける。
④ ③の魚だけを土鍋に入れとろ火で煮込む。全体に汁にぬめりが出てきたら、出来上がり。

胡椒少々、ガーリックオイル、千切り・輪切りの万能ネギ（分量外）を適量かける。

自然にご飯がすすむ、おいしい家庭料理。

ベトナム風味イカの肉詰めトマトソースがけ
イカの肉詰め Mực nhồi thịt

《用意する食材》
(1) イカ（ヤリイカ、ジンドウイカ、ホタルイカなど）：500g（きれいに洗い水気を取る）
(2) ニンニク：5g
(3) トマト：1個（サイコロ状に小さく四角にカット）
(4) トマトケチャップ：大さじ2
(5) 水：75cc（大さじ5）
(6) サラダ油：適量

Ⓐ 塩：小さじ半分
　砂糖：小さじ2
　鶏ガラスープ：小さじ2

Ⓒ 塩：小さじ：1
　胡椒：小さじ1/3
　砂糖：小さじ2
　鶏ガラスープの素：小さじ1.5

Ⓑ ひき肉：500g
　きくらげ：7g（水に漬けて膨らませ、千切り）
　ブーン麺：10g（水に漬けて膨らませ、短くカット）
　万能ネギ：10g（みじん切り）

《作り方》

① ソースを作る。サラダ油を引き熱したフライパンでニンニクを炒め、トマトを入れ、よく混ぜる。ケチャップと水を入れ、❹を入れ沸騰させたら出来上がり。

② ❺と❻をボウルに入れてよく混ぜ、15分おいたら、イカに八分目強詰める。

> イカに肉詰めする時は、ホイップの搾り袋を利用するとやりやすい。

②イカに八分目強詰める。

③ ②の身が入ったイカに、中の空気を逃すため、竹串か爪楊枝などで穴を数ヵ所開けておく。

④ ③を蒸し器等で10分蒸す。できたら取り出して冷ます。

⑤ 鍋かフライパンにサラダ油をたっぷり入れて熱し、④を入れ、表面がこんがり焼けたら取り出して油を切る。

⑥ 輪切りにして皿に盛る。

①で作ったソースをかけてどうぞ。

④蒸し器等で10分間蒸し、できたら取り出して冷ます。

⑤鍋かフライパンにサラダ油をたっぷり入れて熱し、④を入れ、表面がこんがり焼けたら取り出す。

材料（イカ、きくらげ、ひき肉等）

アラカルト

食材 2

香草・野菜

ディール
Thìa là
生臭さを消す効果があり、魚料理などに使う。なるべく若い芽を使うとよい。

コリアンダー
Rau ngò
中国では香菜、タイではパクチーと呼ばれる。春巻きに巻いたり、ちぎって料理のトッピングに。

ザウザム（ベトナミーズ・コリアンダー、ラムの葉）
Rau răm
少量使うだけで消化の促進、体内を温める作用、殺菌作用がある。独特の辛みに注意。

バナナの葉
Lá chuối
抗菌性があり、ちまきや菓子類などの、葉を巻いて作る食品に多用される。

ライムリーフ
Lá chanh
柑橘類特有の爽やかな香りのこぶみかんの葉。香り付けに。葉は食べない。フォーや鶏鍋に。

ラロットの葉
Lá lốt
甘くよい香りの葉。牛肉によく合う。魚の臭い消しにも。

レモングラス
Sả
清涼感たっぷり、レモンの香りのするのハーブ。風味付け・臭み取りに。サテー（p.27参照）には欠かせない。

蓮茎の酢漬け
Ngó sen
ゴーイなどに。繊維質溢れるシャキシャキ感がおいしい。

ノコギリコリアンダー
Rau mùi tàu
刻んだものをトッピングとしてフォーやカイン・チュアなどに。

おやつ

正式な料理の一品にはならないけれど、小腹が空いた時に手軽においしく食べる「おやつ」。ベトナム語 Món ăn chơi の直訳です。
南部特有の「おやつ」の1つ、「バイン・セオ」の店はほとんどが、この料理だけを作るバイン・セオ専門店。地域によって形や具が少し違いますが、野菜に肉、エビなどをたっぷり包み甘辛のタレにつける南部のものが、一番おいしいと言われています。ちなみにバイン・セオの名前の由来は、熱したフライパンに生地を流した時に、「セオ・セオ」と鳴るからなのだそうです。

ベトナムおやつの定番です
バイン・セオ Bánh xèo

＜南＞

《用意する食材》
- (1) 豚三枚肉：50g（小さくカット）
- (2) 甘エビまたはブラックタイガー：4匹（殻・背ワタを取る。大きければ背から縦半分に切る）
- (3) 玉ネギ：30g（輪切り）
- (4) モヤシ：30g
- (5) ニラ：1本（3cmの長さにカット）
- (6) サラダ油：大さじ3

Ⓐ 生地バインセオ用の米粉：60g
   水：110cc
   ココナッツミルク：大さじ1
   ターメリック粉：小さじ半分
   万能ネギ：1本（みじん切り）

Ⓑ 甘辛風味のニュクマム（☆）：適量
   レモン汁：1個半分
   唐辛子：2個（みじん切り）

Ⓒ 生野菜：レタス／コリアンダー／大葉／
   モヤシ：適量

《作り方》

① フッ素加工のフライパンにサラダ油を引き中火にし、豚三枚肉とエビを入れ、火がよく通るまで炒める。

② **A**の半分をかき混ぜてから、生地がまんべんなくフライパンにいきわたるように入れる。

③ 玉ネギ、モヤシ、ニラを入れる。3分ぐらい中火で熱し、生地が少しパサついたら、二つ折にして、皿に盛り付ける。

④ **B**を混ぜ、タレを作る。

⑤ 食べる時は、皿に盛り付けたバイン・セオを食べやすい大きさに切り、レタスの上に**C**の生野菜を一緒にのせて巻く。

④のタレにつけて頂きましょう。

③玉ネギ、モヤシ、ニラを入れ3分ぐらい中火で熱する。

③生地が少しパサついてきたら、二つ折に。

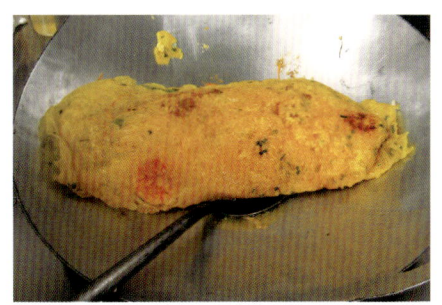

③二つ折。

飾り：人参等

おやつ

手軽に食べられ、パーティの前菜にも
バイン・コット Bánh khọt

《用意する食材》
＊たこ焼き器をご用意下さい。
- (1) エビ（ブラックタイガー）：200g（殻・背ワタを取り茹でる）
- (2) 緑豆：50g（蒸す）
- (3) 乾燥エビ：50g（水に20秒漬け、すりつぶす）
- (4) 甘辛風味のニュクマム（☆）：大さじ2
- (5) オニオンオイル（☆）：大さじ2
- (6) 各種香草・レタスなど：300g（付け合わせ）

Ⓐ粉汁の材料
米粉：100g
水：250cc
ウコンの粉：小さじ1
万能ネギ：20g（みじん切り）

お好みで
キュウリの甘酢漬け（ピクルス）：50g

《作り方》

① **A** をボウルに順番に入れてよくかき混ぜ粉汁を作る。

② たこ焼き器にサラダ油をまんべんなく引いて熱し、①の粉汁を容器の八分目くらいまで入れる。

③ ②にエビと緑豆を順番に入れて3分おくと、粉汁が固まる。先のとがった串などで身を突き刺し取り出す。

④ 皿に盛り付け、オニオンオイルとすりつぶした乾燥エビをかける。

甘辛風味のニュクマムにつけ、香草やレタスと一緒に頂きます。キュウリの甘酢漬けもよく合います。

②たこ焼き器にサラダ油をまんべんなく引いて熱する。

②よく混ぜた粉汁を容器の八分目くらいまで入れる。

③エビと緑豆を順番に入れ3分。粉汁が固まる。

おやつ3品

飾り：コリアンダー、レタス、大葉、紫キャベツ、かいわれ

小皿に少しずつのせて楽しむ、中部フエの宮廷料理
バイン・ベオ Bánh bèo

《用意する食材》

＊醤油皿（小皿）を数枚ご用意下さい。
(1) サンドイッチ用パン：2枚（豚の皮の代用品）
(2) 甘辛味のニュクマム（☆）：大さじ4

Ⓐ 粉汁：米粉：100g ／水：280cc ／
　ココナッツミルク：30cc ／塩：5g ／
　サラダ油：4cc

Ⓑ （トッピング用）
　乾燥エビ：100g
　緑豆：30g
　フライドオニオン：50g
　オニオンオイル（☆）：大さじ4

飾り：コリアンダー

《作り方》

① サンドイッチ用パンを細かくちぎり、トースターで黄色くなるまで焼く。

② Ⓐを容器に入れよく混ぜて粉汁を作る。

③ 蒸し器に醤油皿を入れて蒸して温める。少ししたら醤油皿の内側に付いた水滴をふき取る。②の粉汁を適量入れて鍋のフタをし、中火にする。6〜8分で中に火が通るので、粉汁が終わるまで繰り返す。

③ 取り出して冷めたら上にⒷを少しずつのせ、最後に①を適量盛る。

甘辛味のニュクマムを軽くかけて、スプーンですくって頂きます。

《ナムの話》

もともとはうるち米を使い、フライドオニオンをのせて小さな器に入れて蒸す、庶民的な料理でした。

column

チャー・ゾー・ゼー用の網目ライスペーパー
Bánh tráng rế

　ベトナム南西部は、ベトナムで最も米の生産量が多いことで知られ、米を原料とする様々な食品が生まれています。網の目状のライスペーパーもその1つです。この網の目状のライスペーパーはカントー省で最初に作られたと言われ、通常のライスペーパーに代わって春巻きの具を巻くことから「チャー・ゾー・ゼー」と呼ばれるようになりました。「チャー・ゾー」とは揚げ春巻きを、「ゼー」とは竹や籐で編んだ筒状の入れ物を指します。

　チャー・ゾー・ゼーは、かつて「魔女のチャー・ゾー」と呼ばれていました。その由来は、このライスペーパーを作る時に、米をといだ汁の中に手を入れ、5本の指に充分に汁が付着したところで火が入ったフライパンの上から液を垂らすことにあります。その時の手のひらの状態が、汁がまだら模様に付いてまるで魔女のようだというのです。

　フライパンの上に次々に垂れた汁がすぐに固まり、編みこんだ籐（竹）製品にも似ていることから現在の名称に変わっていったということです。

　チャー・ゾー・ゼーがメジャーになったのは比較的最近のことです。常に目新しさを求めるサイゴンのレストランを中心に流行しました。通常のライスペーパーほど日持ちはしないと言われています。

チャー・ゾー・ゼーの不思議な食感をお試しあれ

網目ライスペーパーの揚げ春巻き Chả giò rế

南

《用意する食材》
(1) 網目ライスペーパー：50枚
(2) 甘辛風味のニュクマム（☆）：適量
(3) サラダ油：適量
(4) レタス：1個（洗って食べやすい大きさにちぎる）

Ⓐ 豚ひき肉：200g
　かに肉：50g
　ブラックタイガー：150g（殻・背ワタを取り細かく刻む）
　里芋：100g（千切り）
　人参：50g（千切り）
　万能ネギ：20g（みじん切り）
　卵の黄身：半個

Ⓑ 塩：小さじ1
　胡椒：小さじ1
　砂糖：小さじ1.5
　鶏がらスープ：小さじ1
　小麦粉：30g

《作り方》

① 具を作る。Ⓐの食材を順にボウルに入れ混ぜ合わせ、そこにⒷを混ぜて10分おく。

② ライスペーパーを柔らかくする。

> ライスペーパーの扱い方についてはp.15参照。

③ ライスペーパーに①の具を少量ずつのせて巻く。

④ フライパンにサラダ油をたっぷり入れて100度まで熱する。（最初から180度だと春巻きが壊れるため）最初は100度で揚げ、次第に180度まで熱する。そこに、数個ずつ③を入れて表皮が黄色くなるまで揚げる。

レタスで巻き、甘辛風味のニュクマムにつけて頂きましょう。

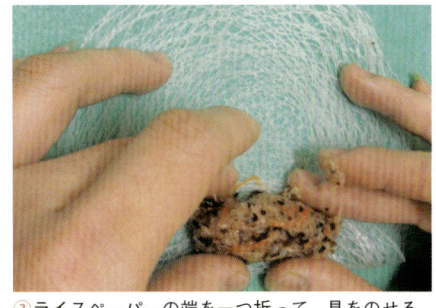

③ ライスペーパーの端を一つ折って、具をのせる。

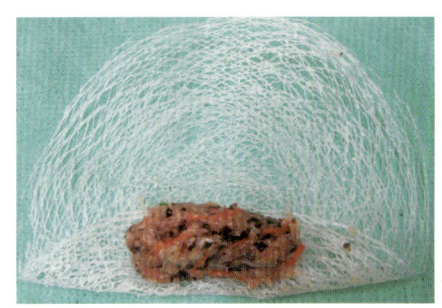

③ 具の形を整える。

【揚げ春巻きを揚げるコツ】

＊揚げる時に油がはねないよう、ライスペーパーを巻いた時に具がはみ出ていないように。ライスペーパーが破れたら新しいものに取り替えるか、上から新しいものを巻くなどの手当てを。揚げる時に春巻きどうしがぶつからないようにするのも大事！

＊フライパンの大きさに合わせ春巻きを揚げる1回ごとの個数を決め、揚げきったら次の規定個数を入れる。前のものを揚げている温度上昇中に生の春巻きを入れると、油がはねたり、中にしっかり火が通らない原因になる。揚げている時に、時々ひっくり返しまんべんなく火が通るように。

③ ライスペーパーを巻く。

④ 最初は100度で、決まった個数ずつ揚げる。

おやつ　87

味のリッチな生春巻きです

エビと三枚肉の生春巻き Gỏi cuốn tôm thịt

南

《用意する食材》
- (1) ライスペーパー：10枚（柔らかくしておく）
- (2) エビ（ブラックタイガー）：10尾（300g）
  （殻・背ワタを取り、茹で、背中から縦に半分に切る）
- (3) 豚三枚肉：200g（茹でて、薄く切る）
- (4) ブーン麺：100g（茹でておく）
- (5) 炒りゴマ：10g
- (6) 落花生：20g（小さく砕いておく）
- (7) もち米：15g
- (8) レタス：1個（みじん切り）／キュウリ：1本（千切り）／人参：半個（千切り）／大葉：10枚
- (9) ニラ：10本（12cmに切る）

> ライスペーパーの扱い方についてはp.15参照。

Ⓐ ベトナムみそ：50g（日本の味噌で代用可）
　ココナッツジュース：20cc

Ⓑ 塩：小さじ半分
　砂糖：小さじ3

その他の盛り付け例

《作り方》
① つけダレを作る。もち米を柔らかく炊き、すりつぶす。Ⓐを入れて加熱しながらかき混ぜる。よく混ざったらⒷを入れる。

② 広げたライスペーパーの手前からレタス、キュウリ、人参、大葉や茹でたブーン麺、豚肉を順にのせる。手早くのせるのがコツ。

③ ライスペーパーの両端を内側に折りたたみ向こうへ巻いてゆく。

④ 向こう端より少し手前になったらエビを1切れ置く。

⑤ 最後にニラの茎を半分挟んで完全に巻き上げる。

お皿に盛り、飾り付けをします。①のつけダレに入りゴマと落花生をかけて頂きましょう。

材料（エビ、豚三枚肉、大葉、キュウリ、ブーン麺、ライスペーパー等）

②広げたライスペーパーの手前から野菜、ブーン麺、豚肉を手早くのせていく。

⑤最後にニラの茎を半分挟んで完全に巻き上げる。

《ナムの話》
生春巻きはファストフードとして、特に南部では街角で売られています。ベトナム語では「ゴーイ・クオン」、意味は「巻いた（＝クオン）ゴーイ」です。
生春巻きの具にはゴーイで使う肉・野菜・エビなどがすべて入っていて、それらをライスペーパーで巻くのでそう呼ばれます。

飾り：コリアンダー

おやつ　89

香ばしさの中にあふれるポークとカニの旨みがたまらない

北部の揚げ春巻き（ネムザーン）Nem rán kiểu Bắc

北

《用意する食材》
- (1) ライスペーパー：12枚（柔らかくしておく）
- (2) 豚肩ひき肉：170g
- (3) 万能ネギ：4本（みじん切り）
- (4) きくらげ：10g（沸騰した湯に漬ける。よくのびたら水洗いして千切り）／春雨：細サイズ：50g（温かい湯で柔らかく戻し熱湯をかけ流す。2〜3cmのサイズに切る）／玉ネギ：中1個（みじん切り）／カニ肉（茹でておく）：50〜70g
- (5) 卵：2個
- (6) サラダ油：1ℓ
- (7) 甘辛風味のニュクマム（☆）：300cc（つけダレ用）

Ⓐ 塩胡椒：大さじ1
味塩：少々
ニュクマム：大さじ1
胡椒：少々

Ⓑ レタス：1/3個（10cm位にちぎる）／コリアンダー：2本程度（小さく枝を折る）／モヤシ：1/4袋（出来ればひげをとる）／大葉：10枚（そのままでも半分に切っても）／ミョウガ：2個（縦に千切り）（野菜類は大皿に食べやすいように盛りつける）

《作り方》

① 豚肩ひき肉に🅐を入れよくかき混ぜ、万能ネギを混ぜ、15分おく。

② ①にきくらげと春雨、玉ネギ、カニ肉を加え、胡椒を全体に少々ふる。よくかき混ぜたら卵を割り入れ、さらにまんべんなくかき混ぜる。これを12等分する。

③ ライスペーパーの柔らかいうちに素早く、等分した②をのせて、長さ10〜12cmで巻く。同様に12個のネムザーンを作る。

④ テフロン加工のフライパンにサラダ油をたっぷり入れ中火で150度位まで熱して、揚げる。火が通り表皮が黄金色になったら、網ザルに取り余分な油を落とす。

> 揚げる時はサラダ油をたっぷり使ったほうが、ネムザーンにしみ込む油を抑えられてヘルシーなのです。

③ライスペーパーの柔らかいうちに素早く、等分した②をのせる。

③長さ10〜12cmで巻く。

③ライスペーパーの柔らかいうちに素早く巻く。

《ホアの話》

北部ではネムザーン、南部ではチャーゾーと呼んでいます。南部では具の中に人参とシイタケを入れますが、北部では入れません。ネムザーンの大きさは12cm位あります。一般のレストランでは南部式のミニサイズを食べることが多いので、ここではぜひ、「ビッグサイズ」北部のネムザーンを。

> 大きいので食べる時ははさみで2〜3等分して。レタスにネムザーンをのせ、他の野菜を少量のせてレタスで巻きます。大さじ3〜4くらいの甘辛風味のニュクマムを自分の茶碗に入れておき、ニュクマムにつけたら具が落ちないように食べるのが、おいしい食べ方です。

おやつ

column

お茶の飲み方
Cách thưởng trà kiểu người Việt

　ベトナムの伝統的なお茶はほとんどが緑茶ですが、かなり渋みがきいた「茶色」の緑茶です。茶葉は主に北部で生産されています。北部の気候は上質なお茶を栽培するのに適しているからで、その中でもタイグエン省が最も有名な産地です。タイグエン茶の中でも最も良いとされているのが「釣り針」型の茶葉。普通の茶葉も少し「く」の字に曲がっていますが、「釣り針」型は見事に下部が丸みを帯びています。

　年に何度も栽培できるため、ベトナムに「新茶」はありません。昔ながらの茶畑に行くと茶木が整然と植えられているどころか、「植えっぱなし」状態になっています。

　伝統的なお茶の飲み方は、地方で異なります。北部では、寸胴型の茶瓶に茶葉と熱湯を入れ、適度な時間を置いて、杯のような小ぶりの茶碗にお茶を注ぎます。一般家庭には、この杯を逆さに置いて水切りをする丸い網付き容器が置かれています。客人などが来ると、杯にお湯を少し入れて中を洗い、お茶を注いで差し出すのです。

　南部は年中暑いため、「アイスティー」を飲みます。2ℓは入るポットに少量の安い茶葉と水を入れて色をかすかに出し、あとはコップに氷を入れるだけです。これが酷暑を乗り切る最も簡単な飲み物とされているのです。現地では「チャー・ダー」（チャーは茶、ダーは氷）と呼ばれて親しまれています。

「BAR　CARMEN」のコーヒー（ホーチミン市）

その昔は、まだもやがかかった早朝の蓮池に小舟で出て、蓮の葉のくぼみにわずかにたまる朝露を集めては急須に溜め、その水で茶を沸かす飲み方が最も風流とされていました。今ではそうした飲み方をする人は、ほとんどいなくなったようです。ベトナムのお茶のたしなみとして、前述のようなお茶の飲み方が伝えられています。

　ハノイでは「蓮茶」が静かなブームを呼んでいます。これは、上質の蓮の花の中に良質のタイグエン茶葉を入れて作る、手の込んだお茶です。ハノイ旧市街には今でも100gで1500〜2000円程度で売られており、外国への土産としても喜ばれています。

　昨今の工業化の進展により、南部では見栄えのよいパッケージのティーバッグ・ティーが大量生産されており、スーパーなどで手軽に購入できるようになりました。また、外国産紅茶も90年代半ば頃から浸透しており、ベトナム人がお茶をたしなむ習慣も様変わりしつつあるようです。

昔ながらの喫茶店「カフェ・ライム」（ハノイ）

主食になる食材

緑豆
Đậu xanh
様々な料理や菓子類によく使われる食材。上品な香ばしさがある。

もち米粉
Bột gạo nếp
チェーに入れるお団子作りに。

バイン・セオ用の米粉
Bột gạo
これがあれば自分で粉を調合することなく、バイン・セオが簡単に作れる。

網目ライスペーパー
Bánh tráng rế
その名の通り、網状になっているライスペーパー。揚げ春巻きに。

ライスペーパー（丸）
Bánh tráng
定番の春巻き以外にも、何でも具にして巻いて食べられる。竹網の上に広げて乾かして作るためにできる網の模様が可愛い。

ライスペーパー（四角）
Bánh tráng
ハノイで見かける四角いライスペーパー。丸型は手作りで四角型は機械製造。

ベトナムのエビせんべい
Bánh phồng tôm
原料は米粉。いろいろなシーンで脇役として活躍。特にゴーイには欠かせない。

ブーン麺（1.2mmビーフン）
Bún
ベトナムのビーフンは生麺が一般的。温麺以外にご飯代わりにも。

ミエン麺
Miến
春雨。麺として以外にも、揚げ春巻きや、ニガ瓜の肉詰めに短く切って入れるなど「具」としても使う。

酒の肴

家でパーティーをする時、ベトナム出身の家内は、「男性客の酒の肴にはこれがいいのよ」と言って別枠の料理を作ります。ハノイの実家でいつもそうしているからです。ビールや酒が進むように、ちょっと濃い目の味に仕上げ、その脇に野菜をきちんと添えます。ビールや地酒をあおるように飲むベトナム人男性たちは、飾り付けにもなっているキュウリやモヤシをスナック代わりにつまむのです。

酒のみならず、ミディアムのワインがよく似合う一品もあります。

お酒を飲まない人は、爽やかなジャスミン茶と一緒にいかがでしょうか。

エビがダブルの旨みに辛み
エビのピリ辛ソース　Tôm sốt cay

南

《用意する食材》
(1) ブラックタイガー：12尾（400g）（殻と背ワタを取る）
(2) 乾燥エビ：20g（水に漬けて柔らかくして、すりつぶす）
(3) 万能ネギ：10g（小さく小口切り）
(4) 鶏ガラスープの素：小さじ半分
(5) サラダ油：大さじ2
(6) 水：大さじ1

Ⓐ 生姜：10g
　玉ネギ：10g
　赤ワケギ：10g
　（すべてみじん切り）

Ⓑ トマトケチャップ：大さじ1
　チリソース：大さじ半分
　オイスターソース：小さじ1
　粉唐辛子：5g

《作り方》

① ブラックタイガーをきれいに洗い、ペーパータオルなどで水気を取る。

② 熱したフライパンにサラダ油・大さじ1でⒶを軽く炒めたら、乾燥エビを入れて火を通す。

③ ②にⒷを入れ5分ほど炒める。あんかけのあん状にとろみが出たら鶏ガラスープの素を入れてかき混ぜる。

④ 熱したフライパンにサラダ油・大さじ1で万能ネギを香りが出るまで炒め、①を入れてこんがり焼く。

⑤ ③と水・大さじ1を④に入れて3分ほど混ぜる。汁がエビ全体を覆うようになったら出来上がり。

①ブラックタイガーをきれいに洗い、水気を取る。

④フライパンにサラダ油で万能ネギを香りが出るまで炒めたところにブラックタイガーを焼く。

⑤③と水・大さじ1を④に入れて3分ほど混ぜる。

飾り：人参、大葉、レタス、コリアンダー、紫キャベツ

酒の肴

エビを包む三枚肉は食べ応えあり。ベトナム的な酒のつまみ　　　南

エビの肉巻き Tôm cuốn thịt nướng

《用意する食材》
(1) ブラックタイガー：300g（12尾）（殻と背ワタを取る）
(2) 豚三枚肉：300g（12枚に薄くスライス）
(3) オニオンオイル（☆）：小さじ1
(4) サラダ油：適量

Ⓐ ニンニク：10g（みじん切り）
　 紅生姜：10g（みじん切り）

Ⓑ トマトケチャップ：大さじ2
　 チリソース：小さじ1
　 水：大さじ2
　 鶏ガラスープの素：小さじ1
　 砂糖：小さじ1

Ⓒ ニュクマム：大さじ1
　 胡椒：小さじ1/3
　 砂糖：小さじ1
　 鶏ガラスープの素：小さじ半分
　 ニュクマム：小さじ1

《作り方》

① 熱したフライパンにサラダ油を引き❹を炒める。香りが出たら❺を入れて火を通し、とろみを出す。

② ブラックタイガーと豚三枚肉を❻に5分漬けておく。

③ 豚三枚肉でブラックタイガーを巻き、オニオンオイルを塗る。

④ 熱したオーブンに③を入れ、こんがり焼けるまで4〜6分焼く。

⑤ 皿に並べ①をかけたら出来上がり。

お好みでキュウリ、レタスなどと頂きます。

材料（エビ・豚三枚肉・コリアンダー）

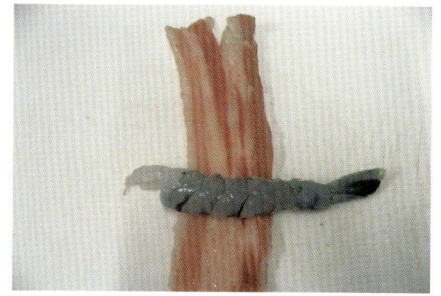

③豚三枚肉にブラックタイガーをのせる。

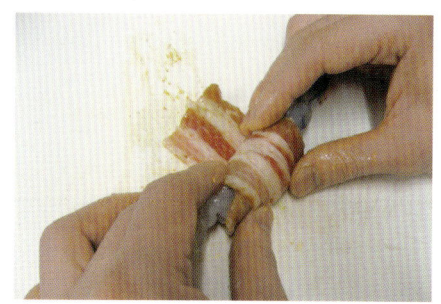

③豚三枚肉でブラックタイガーを巻く。

飾り：コリアンダー、キュウリ、レタス

三枚肉と合う、エビの甘辛漬け　　　　　　　　　　　中

フエ風甘辛エビと三枚肉の付け合わせ Thịt luộc và Tôm chua

《用意する食材》

(1) 豚三枚肉：400〜500g
(2) 玉ネギ：大1/4（縦にスライス）
(3) 塩・胡椒：適量
(4) トム・チュオ（エビの甘辛漬け）：1瓶
(5) 大葉：20枚（お好みでそれ以上も可）
(6) モヤシ：（ひげをカットし洗う）
(7) ミョウガ：（洗って縦に半分にし、千切り）
(8) コリアンダー：（洗って5cm程度にカット、葉と枝を切り離しておく）

> 見た目も大事！
> 盛り付ける時は、皿に見栄えするように！

(9) パイナップル：熟したものを半分（あれば）
（洗って皮をむき、芯も抜いて薄くスライス）

《作り方》

① 鍋で豚三枚肉を1.8ℓの水（分量外）で煮る。沸騰したら弱火にしてアクを取る。玉ネギを入れ塩・胡椒をふると肉にコクが出る。

② 20〜30分程煮て肉に火が通ったら取り出し、すぐに冷水で付着物を流し落とす。冷めたら薄くスライスして皿に並べておく。

③ (5)〜(9)の野菜類を盛り付ける。

④ トム・チュオを小皿に出す。種類によって中のエビのサイズが異なるため、大きいエビは縦切りで半分に。塩辛いタイプのものは砂糖とニンニクを足すなどして食べやすいようにする。

①の肉を③と一緒に④をタレのようにしてつけて、温かいご飯とどうぞ。

甘辛くニュクマムの香りたっぷりの焼肉がブーン麺と相性ぴったり

牛肉と玉ネギの串焼き Bò cuốn hành nướng

南

《用意する食材》
- (1) 牛肉：400g（薄くスライス）
- (2) 玉ネギ：1個（縦切り）
- (3) オニオンオイル（☆）：小さじ1
- (4) ベトナム風キャラメル液（☆）：小さじ1
- (5) 甘辛風味のニュクマム（☆）：大さじ3
- (6) ブーン麺（乾麺）：200g（茹でて冷ましておく）

Ⓐ 塩：小さじ1
　胡椒：小さじ1/3
　砂糖：小さじ1.5
　鶏ガラスープの素：小さじ半分
　五味香：5g
　ニンニク（刻む）：5g

Ⓑ 落花生：20g
　オニオンオイル（☆）：大さじ3

《作り方》

① Ⓐ にベトナム風キャラメル液を加え、牛肉を15分漬けておく。

② ①の肉で玉ネギを巻き串刺しにする。

③ ②にオニオンオイルをたらし、熱したオーブンで4分焼く。

③ 皿に取り出してⒷをふりかける。

　ブーン麺を器に盛り、③を適量のせます。甘辛風味のニュクマムをかけて頂きましょう。

＊串または爪楊枝をご用意ください。

＊写真ではブーン麺は別になっています。

飾り：水菜

酒の肴　101

ライムリーフ爽やかな軽い料理　　　　　　　　　南

鶏肉のライムリーフ煮 Gà nướng lá chanh

《用意する食材》

(1) 鶏のモモ肉：2本（500g）（食べやすくサイコロ状にカット）
(2) ライムリーフ：5枚（みじん切り）
(3) ガーリックオイル（☆）：小さじ1

Ⓐ 塩：小さじ2
　チリソース：小さじ1
　砂糖：小さじ3
　赤ワケギ（刻む）：小さじ1
　鶏ガラスープの素：小さじ1
　胡椒：小さじ1/3

材料（鶏肉・調味料等）

《作り方》

① Ⓐをよく混ぜておき、ライムリーフを加える。

② ①に鶏肉を20～30分漬けておき、ガーリックオイルをかける。

③ 180度で約15分熱したオーブンに②を入れる。5～7分表皮をこんがり焼く。網焼きで焼くとおいしい。

白飯や揚げソーイと相性が良く、酒の肴として、あるいはおやつ感覚でどうぞ。

飾り：人参、大葉、キュウリ等

《ナムの話》

この料理は養鶏農家が集中するホーチミン市郊外ホクモン郡から生まれた家庭料理と言われています。焼いた鶏から出る肉汁がライムリーフに溶け込み、独特の爽やかな香味を醸し出します。

パリパリした揚げソーイの食感と、手羽先の香ばしさが一つに

レモングラス味の手羽先焼き Cánh gà nướng sả

南

《用意する食材》
(1) 手羽先：300g（5つ）
(2) ガーリックオイル (☆)：小さじ1
(3) 揚げソーイ (☆)：5片

Ⓐ 塩：小さじ1
　砂糖：小さじ1.5
　五味香：小さじ1/3
　鶏ガラスープの素：小さじ半分

Ⓑ レモングラス：50g（刻む）
　唐辛子：10g（刻む）

飾り：人参・キュウリ・クレソン等

《作り方》

① Ⓐ にⒷを加え、手羽先を漬けて30分ほどおく。

② ①の手羽先にガーリックオイルをよくまぶす。

③ オーブンを190度に設定して②をこんがり焼く。

揚げソーイと一緒に頂きます。

材料（手羽先・レモングラス等）

column

お酒の飲み方
Uống bia rượu kiểu người Việt

　ベトナム人男性は酒好きです。生活水準が一気に上がった90年代の都市部では洋酒（ウイスキーやワイン、コニャックなど）が接待の場で多く用いられるようになりましたが、それでも伝統的な酒の地位が揺らいだわけではけっしてありません。

　伝統的な酒は基本的に、大きく2種類に分類できます。1つ目は、米やもち米を原料に作られる蒸留酒です。度数は高く、25度以上から50度前後が一般的です。ベトナム人は旧ソ連との結びつきが強かったため、本場のウォッカも平気で飲み干します。しかし一般家庭で作るものは、もっと強い、いわゆる「ベトナム版ウォッカ」です。

　2つ目は、上記の蒸留酒をベースにして作られる薬酒です。滋養強壮に良いとされる「コブラ」、「トカゲ」、「ビムビム」という名の鳥類、タツノオトシゴ、山中で採取できる各種薬草などなどを入れます。薬草の場合は複数の種類を漬け込みますし、生き物の場合は1つのビンに複数匹投入することで「薬事効果」を倍増させます。

　都市部の人たちは地方からこれらの材料を調達してもらい、大きなビンに入った蒸留酒に漬け、台所の棚の奥隅など日の当たらない場所に何年も大事にしまったりします。そして特別な客を招いた時などに取り出して、振る舞うこともあります。この時は、どうやってこの酒を漬けたかなどのうんちくを話すのが、楽しみなのです。

　私は知人の家で、ビンの中に妙に丸い粒が沢山漬けられた酒を勧められたことがあります。彼が「滅多に人には出さないんだよ」と言うので飲んでみましたが、その粒

路上にはみ出た飲み屋（ハノイ）

column

の正体はなんと、「ヤギの睾丸」でした…。
　蒸留酒や薬酒は度数が高いものですが、ベトナム人男性の多くは料理の前から何杯も飲み干し、時おり料理をつまみます。そうして数時間を過ごした後に、最後にご飯と腹持ちのよいおかずを食べる、というのが彼らの一般的な「飲み方」になります。ということは、すきっ腹で強い酒を飲むことになりますから、酒にあまり強くなく、いつも食べながら飲む私などは頭がガンガンしてきます。もちろんベトナムにも、ビール・酒を飲めない男性は存在します。アルコールで顔を赤らめてしまう体質の人は、恥ずかしくて飲まないようです。しかし男性の場合、宴の席で勧められた酒を拒むのは容易ではなく、日本と同じく彼らも苦労しているようです。

　ちなみにビールは「酒」のカテゴリーに入らず、常に「ビール・酒」で語られます。
　ベトナム人男性は、複数の酒を飲むと酔いが早く回り頭痛がするという理由で、日本人のように数種類の酒を一度に飲むことをあまり好みません（薬酒は除く）。ビールで始めると、ほぼ最初から最後までビール（だからダース単位で飲むのが普通です）。ウォッカのような蒸留酒も同じです。南部になると、互いの会話が一段落すると必ず乾杯するので、下手をすると数分おきに「ヨー！（入れる、の意味）」を合図にグラスや杯を口にすることになります。
　度数の弱いビールは量で、強い酒類も回を重ねる飲み方で親睦を深めるのが、従来からのベトナム人男性の交流方法の１つなのです。

居酒屋「ビア・ホイ・ハノイ」（ハノイ）

ハノイのおいしいお店

Cấm Chỉ, quận Hoàn Kiếm
有名な飲食店街、Cam Chỉ（カム・チー横丁）一番街ブーン麺料理店。(p.161参照)

Xôi Yến
安くておいしい、いろいろな種類のソーイ（おこわ）が食べられるお店。(p.161参照)

Cồ Sơn
ナムディン省のフォー屋。男性のみ調理人になれる店。(p.21写真参照、p.161参照)

Phở Vân
目玉料理はフォーではなくブーン・ターン。昔ながらの店構え。(p.161参照)

カインと鍋

　ベトナムのスープ「カイン」は、長い酷暑の日々から身体を守るのに必要なビタミンや鉄分等を補う、とてもありがたい家庭料理です。ご飯にかけてササッと胃に流し込むのがベトナム流。一方、ベトナムでもブームになっているのが鍋料理です。外食産業が芽生えた90年代初めのハノイでも、真ん中に丸い煙突のある鍋から具を取り、ニュクマムのつけダレにつけてほおばる人々の姿が見られました。最後は、一番安いインスタントラーメンの麺で締めていましたが…。今では鍋料理はますます人気で、家族や親戚、友人たちと賑やかに、海の幸や山の幸の鍋を囲む光景を頻繁に見かけるようになっています。

「苦労が流される」すっきりスープ 南

ニガ瓜の肉詰め入りスープ Canh khổ qua nhồi thịt

《用意する食材》

(1) ニガ瓜：500g
(2) 万能ネギ：25g（薄く輪切り）
(3) 調理用スープ（☆）：800cc
(4) ひき肉（豚ないし牛）：250g

Ⓐ ミエン麺（＝春雨）：5g（水につけて膨らませ、2〜3cm幅でカット）
シイタケ：5g（水につけて膨らませみじん切り）

> ミエン麺は日本の春雨とほぼ同じです。

Ⓑ 塩：小さじ半分
砂糖：小さじ1.5
鶏ガラスープの素：小さじ1
胡椒：小さじ半分

《作り方》

① ひき肉を🅐🅑に混ぜ、万能ネギ15gとよく混ぜ10分おく。

② ニガ瓜を長い方に縦に切り、種とわたを取り除き①を詰める。

③ 調理用スープを火にかけ、熱くなったら中火状態で②を15分煮る。

④ ③を食べやすいサイズにカット。どんぶりに盛り、汁をかけて残りの万能ネギを振りかける。

①ひき肉を🅐🅑に混ぜ、万能ネギ15gとよく混ぜ10分おく。

②ニガ瓜を種とわたを取り除き①を詰める。

《ナムの話》

南部のテト（旧正月料理）の1つ。祭壇にお供えして祖先を祀ると共に、その年の幸運を祈ります。これを食べると、すべての苦労が流されると言い伝えられています。ちなみに"Khổ qua"とは直訳すると「苦労が通り過ぎる」の意味です。

飾り：ネギ

特に産後の女性の健康維持に。薬膳効果あり　　　　　北

パパイアと豚足煮込みカイン Canh đu đủ hầm giò heo

《用意する食材》

(1) 調理用スープ (☆)：1.5ℓ
(2) 豚足：500g（小さくカットし🅐に20分漬けておく）
(3) パパイア：300g（皮と種を除き、食べやすい大きさにカット）
(4) 人参：50g（花型にカット）
(5) 万能ネギ：200g（みじん切り）

🅐ニュクマム：大さじ1
　砂糖：小さじ1.5
　塩：小さじ1
　胡椒：小さじ半分
　鶏ガラスープの素：小さじ2

🅑胡椒、ニュクマム

飾り：コリアンダー、万能ネギ

《作り方》

① 調理用スープを鍋で温め、豚足をを入れて沸騰させる。あくをよく取る。

② 豚足が柔らかくなったらとろ火にし、パパイアと人参を入れ15分加熱。

③ どんぶりに盛り、万能ネギや胡椒（分量外）をお好みの量でふりかける。

　小皿に🅑のニュクマムをたらして胡椒少々振り、つけダレにして頂きます。

スープに溶け込んだクレッソンの甘味が、体に自然になじみます

クレッソンとひき肉のカイン Canh cải xoong thịt băm

《用意する食材》
(1) 豚ひき肉：100g
(2) クレッソン：200g（きれいに洗い8〜10cmにカット）
(3) 湯もしくは水：800cc
(4) 塩・胡椒：少々
(5) ニュクマム：小さじ1
(6) サラダ油：適量

Ⓐ鶏ガラスープ／塩／胡椒：各々適量

《作り方》
①豚ひき肉に塩・胡椒を少々振りかけ15分おいておく。
②熱した鍋にサラダ油を引き①をよく炒める。これを湯もしくは水に入れてⒶを入れ、15分煮込む。
③②にクレッソンを入れ3〜5分煮て火を止める。好みでニュクマムを入れて味の加減をする。

温めても冷やしても、おいしく頂けます。

魚介類をカイン・チュアの具にする、ベトナム南西部独特の料理　南

魚介類のスープ…カイン・チュア Canh chua cá

《用意する食材》
(1) バサ魚の白身：400g（ない場合はタラで代用）
(2) ブーン麺（ビーフン）：200g（茹でる）
(3) ガーリックオイル（☆）：小さじ1
(4) 調理用スープ（☆）：1ℓ
(5) サラダ油：適量

> バサ魚とはベトナム・ナマズのことです。

Ⓐ レモングラス：10g（刻む）
　 唐辛子：5g（刻む）

Ⓑ トマト：1個（櫛形に6等分にカット）
　 オクラ：5個（縦に半分にカット）
　 パイナップル：1/4個（薄くスライス）

Ⓒ 塩：小さじ1
　 砂糖：小さじ4
　 クノール：小さじ3
　 ニュクマム：小さじ2
　 レモン汁：小さじ2

《作り方》

① 魚の白身を一口サイズにカットする。

② サラダ油を熱した鍋に🅐を入れさっと炒める。香りが出たら①を入れる。

③ ②に調理用スープを入れ沸騰させる。約5分で魚に火が通る。

④ 🅑を入れ約3分したら弱火にし、🅒を入れて炒める。全体的に、ほのかに辛味のある甘酸っぱい味に仕上がる。

> どんぶり（あれば電気鍋）に入れ、ガーリックオイルをかけて、ブーン麺と一緒に温かいうちに頂きます。

材料（トマト・オクラ・パイナップル・魚の白身・レモングラスと唐辛子・コリアンダー）

②サラダ油を熱した鍋に🅐を入れさっと炒める。

②香りが出たら①の魚を入れる。

《ナムの話》

家庭料理だけでなく、ベトナムではパーティーでも登場します。

飾り：万能ネギ、オクラ、トマト、コリアンダー

カインと鍋　113

海の恵みが溶け込んだあっさり味スープ

海の幸たっぷりの鍋料理 Lẩu hải sản

《用意する食材》
(1) ブーン麺（ビーフン）：200g
(2) 調理用スープ（☆）：1.2ℓ
(3) サラダ油：適宜

Ⓐ レモングラス：2本（包丁の刃の平らな面で、まな板の上でつぶしておく）
　唐辛子：50g

Ⓑ ケチャップ：大さじ2
　チリソース：小さじ2

Ⓒ 塩：小さじ半分
　レモン汁：小さじ2
　砂糖：大さじ2
　ニュクマム：小さじ2
　鶏ガラスープの素：小さじ1

Ⓓ ブラックタイガー：5匹（150〜200g）（殻をむき背ワタを取る）
　イカ：100g
　たらの白身：100g（メダイなどもOK）
　あさり：200g

Ⓔ トマト：50g（スライス）
　空芯菜：100g（5〜7cmにカット）
　玉ネギ：1/2個(50g)（縦に薄くスライス）
　シイタケ：50g（縦に薄くスライス）

《作り方》

① サラダ油を引いた鍋でⒶを炒める。香りが出たらⒷを入れて3分炒める。

② 調理用スープを入れて沸騰したらⒸを入れる。全体的に甘辛味になっていく。

③ Ⓓの魚介類を皿に盛り付ける。

④ Ⓔの野菜類を皿に盛り付ける。

⑤ ブーン麺を3分茹で、すぐ水ですすぎ、水を切る。

食べ方：鍋に②を移し、よく煮立てたところにⒹの魚介類を入れ、火が通ったらⒺの野菜類を入れます。ご飯茶碗にブーン麺を適量入れて、鍋の具とスープをかけて頂きます。

飾り：さやえんどう、長ネギ、シイタケ、空芯菜の茎

だし味だけで何杯もおかわりがしたくなる

ベトナム風鶏鍋 Lẩu gà

《用意する食材》
(1) ブーン麺（または 1.2mm のビーフン）：250g
(2) 鶏モモ肉：800g（四角くカット）
(3) サラダ油：大さじ 2
(4) ココナッツジュース：2 本（660cc）
(5) 調理用スープ（☆）：1 ℓ
(6) カフェライムリーフ：2 枚
(7) 空心菜：1 束（よく洗い 5〜7cm にカット）

Ⓐ 肉の味付け調味料：
生姜：小 1 個（千切り）
レモングラス：3 本（適当な大きさにカット）
トマトケチャップ：大さじ 3
ホットチリソース：大さじ 1

Ⓑ だしの調味料：
市販の鶏ガラスープの素：小さじ 1
砂糖：小さじ 1
ニュクマム：小さじ半分
レモン汁：大さじ 3
唐辛子：1〜2 本（斜めに適当な大きさにカット）

《作り方》

① ブーン麺を水に15分程漬けてきれいに洗い、沸騰した湯に入れる。3分程茹で、ザルに取り、冷水で流し、水を切る。食べる前に電子レンジで軽く温めると、よりおいしくなる。

② 鍋にサラダ油を入れ、❹の生姜とレモングラスを少し炒めたらトマトケチャップとホットチリソースを入れ、炒める。鶏モモ肉を入れてさらに炒め続ける。

③ 鶏肉に火が充分通ったら、ココナッツジュースと調理用スープを入れ、中火で10分煮込む。あくが出たらすぐとる。

④ 火を弱め、カフェライムリーフと❺を入れると、だしが出来上がる。

⑤ 切った空心菜を熱湯に入れ、黒ずまないよう、すぐに取り出し冷水で手早く洗う。ザルで水切りする。

空心菜の代わりに、白菜やシイタケを使ってもOK。この場合は野菜の下準備は不要です。

卓上コンロなどでだし鍋を再び沸騰させ、空心菜を食べる直前に鍋に入れます。ブーン麺を茶碗に取り、その上に具と空芯菜をのせ、スープをかけて頂きます。

②鍋で❹のレモングラスと生姜を少し炒めトマトケチャップとホットチリソースを入れ、炒める。

②鶏モモ肉を入れてさらに炒め続ける。

③鶏肉に火が通ったら、ココナッツジュースと調理用スープを入れ中火で10分煮込む。

エノキダケ、かぼちゃの花、小松菜にコリアンダーを使ったバージョン。

飾り：ライムリーフ、パプリカなど

夏には体を冷まします
トウガンと干しエビが入ったカイン　Canh bí nấu tôm

《用意する食材》
(1) トウガン：250g（きれいに洗い、種を取り除いて千切り）
(2) 乾燥エビ：50g
(3) 調理用スープ（☆）：1.5ℓ
(4) 生姜：（つぶすか、みじん切り）
(5) 万能ネギ：2本（1.5cm程にカット）
(6) ニュクマム：大さじ1

飾り：ハーブ、ネギ、唐辛子

《作り方》
① 乾燥エビを15～20分、湯に漬け、柔らかくなったらすりつぶす。
② 調理用スープにすりつぶしたエビを入れて煮て、エビの甘みを出し切る。
③ トウガンを②に入れ2分程茹でて火を止め、生姜、万能ネギ、ニュクマムを入れ、よくかき混ぜる。

《ナムの話》
温めても冷やしてもおいしい万能料理です。特に、夏の暑い時期に冷やして食べると、体内を冷やす作用があると言われます。

ゴーイ

「ゴーイ」は西洋料理でいうサラダのようなもの。でも、ベトナムのレストランに入ってメニューを広げると、「サラダ」という項目にあるのはレタスやキュウリ、トマトなどのいわゆる西洋式「サラダ」です。「ゴーイ」はまた別のカテゴリーとして分類されています。
「ゴーイ」の多くは、千切りや細切りにしたパパイアや蓮の茎などをベースに、エビや豚三枚肉、香草などをのせ、甘辛風味のニュクマムと混ぜたりします。

蓮茎の不思議なシャリシャリ感がおいしい

エビと三枚肉の蓮茎入りゴーイ Gỏi ngó sen tôm thịt

南

《用意する食材》
- (1) エビ（ブラックタイガー）：10尾（300g）（殻・背ワタをとる）
- (2) 豚三枚肉：100g
- (3) ゴーイのドレッシング（☆）：大さじ2
- (4) ガーリックオイル（☆）：小さじ1
- (5) スイートバジル、大葉などの香草：5g（みじん切り）
- (6) ベトナムのエビせんべい：10枚（揚げておく）

Ⓐ 蓮茎の酢漬け：150g（細く縦にちぎるか半分にカット）
　人参：200g（千切り）
　玉ネギ：20g（薄くスライス）

Ⓑ 落花生：10g（砕く。p.16参照）
　フライドオニオン：5g

> 蓮茎の酢漬け（ngó sen）は、現地ではスーパーで売っています。日本ではベトナム食材店等で探してみて下さい。

《作り方》

①エビは茹で、背中から縦に半分にカットする。

②豚三枚肉は水から茹でて、薄くスライス。

③エビと豚三枚肉を混ぜ、ゴーイのドレッシング・大さじ1で和える。

④🅐をゴーイのドレッシング・大さじ1で和える。

⑤②をガーリックオイルで一緒に和える。

⑥③と④を混ぜたらお皿に盛り付け、🅑とスイートバジルを振りかけて下さい。

エビせんべいに盛って手で頂きます。

《ナムの話》
蓮茎ならではのシャリシャリ感がおいしいゴーイは、ベトナムならではの味。ぜひ試してみたい一品です。

蓮茎を横に盛り付けた例。紫キャベツなどで飾りつけしています。

飾り：ネギ、レタスなど

ちょっと豪華な食べがいあるゴーイ

パパイアとエビと豚三枚肉のゴーイ Gỏi đu đủ tôm thịt

南

《用意する食材》
- (1) エビ（ブラックタイガー）：10 尾（殻・背ワタを取る）
- (2) 豚三枚肉：100g（水から茹でておく）
- (3) パパイア：200g／キュウリ：20g／人参：20g（千切りにし氷水に 7 〜 10 分さらす）
- (4) 玉ネギ：20g
- (5) 落花生：10g（砕く）
- (6) コリアンダー：2 本（1 〜 1.5cm 程度にカット）
- (7) フライドオニオン：5g
- (8) ガーリックオイル（☆）：5cc
- (9) エビせんべい：20 枚（揚げておく）
- (10) ゴーイのドレッシング（☆）：適量

《作り方》
① エビは茹で、背中から縦に半分にカットする。
② 豚三枚肉は薄くスライス。
③ ①と②をそれぞれゴーイのドレッシングに7～10分漬けておく。
④ パパイア、キュウリ、人参をゴーイのドレッシングで一緒に和える。
⑤ ③と④とコリアンダーを混ぜ、ドレッシングで味を調整。ガーリックオイル半量をかけてよく混ぜ合わせる。
⑥ 皿の中央に盛り付け、フライドオニオンと残りのガーリックオイルを振りかける。

エビせんべいに盛って、手で頂きます。

飾り：コリアンダー、レタス、紫キャベツ

賓客のおもてなしにかかせません
魚のゴーイ Gỏi cá

中

《用意する食材》
(1) 鯛の白身：300g（薄くスライス）
(2) 玉ネギ：50g（薄くスライスし、細切りに）
(3) 調理用スープ（☆）：250cc
(4) 炒りゴマ：50g
(5) ライスペーパー：10枚

Ⓐ 酢：150cc
　 砂糖：100g
　 水：120cc

Ⓑ 生姜：30g（みじん切り）
　 フライドオニオン：10g
　 落花生：10g（砕いておく）

Ⓒ パイナップル：1/4カット
　 キュウリ：1本（薄くスライス）
　 ミント：1束
　 大葉：1束（皿に用意しておく）
　 コリアンダー：適宜

Ⓓ 落花生バター：100g
　 ニュクマム：小さじ3
　 炒りゴマ：50g
　 マスタード：小さじ2

《作り方》

① ゴーイを作る。Ⓐをよく混ぜて、半分ずつに分けておく。

② ①の半分に鯛を5分ほど漬けて取り出し水気を切る。

③ ①の残り半分に玉ネギを2分ほど漬けて取り出し水気を切る。

④ ②を皿に盛り付け、その上に③をかけ、次にⒷを上にふりかける。

⑤ ソースを作る。Ⓓを混ぜたらよくすりつぶし、鍋に調理用スープと入れて沸騰させ、3分加熱する。冷まし、炒りゴマを上から軽くふりかけておく。

　柔らかくしたライスペーパーに④を適量のせ、Ⓒを少しずつのせてゆるめに巻き、ソースにつけて頂きます。

鯛は薄くスライス

②①の半分に鯛を5分ほど漬ける。

《ナムの話》

魚のゴーイに合うハーブ野菜

伝統料理の1つである魚のゴーイは、祭事などの特別な行事の日に作られるのが一般的な慣わしです。生魚を用いるため、におい消しとしてコリアンダーを使いますが、魚の持つ甘みとコリアンダーの放つ香り、生姜の辛味が絡み合い、互いに旨みを引き出します。酒の肴としても喜ばれます。

ゴマのコクがきいた素朴な味わい

タケノコのゴーイ Gỏi măng

《用意する食材》

(1) タケノコ：200g（1個）（薄くスライス。きれいに洗い水気を切る）
(2) 人参：30g（みじん切りにしておく）
(3) 鶏肉：200g
(4) 炒りゴマまたはタマリンド：200g
(5) 粉唐辛子：小さじ1
(6) ゴーイのドレッシング（☆）：大さじ2
(7) ガーリックオイル（☆）：小さじ1
(8) ゴマ：20g
(9) エビせんべい：10枚（揚げておく）

《作り方》

① タケノコと人参を混ぜてゴーイのドレッシング・大さじ1で和える。

② 鶏肉を茹でて手で細長く裂き、ゴーイのドレッシング・大さじ1によくなじませる。

③ ①と②を一緒にしてガーリックオイルでよく和える。

④ 皿に盛り付け、ゴマを上にふりかける。

好みで粉唐辛子をゴーイにふりかけます。ドレッシングに和えてもOKです。

エビせんべいに盛って楽しみましょう。

飾り：食材を使用

ニガ瓜で疲れた体を癒す
ニガ瓜のゴーイ Gỏi khổ qua

《用意する食材》

(1) ニガ瓜：250g（きれいに洗い、縦に半分に切り、種やワタを取り除く）
(2) バサ魚（サワラでも可）：150g（食べやすい大きさにカット）
(3) 小麦粉：50g
(4) ゴーイのドレッシング（☆）：大さじ2
(5) 砂糖：小さじ1
(6) 塩：小さじ半分
(7) 胡椒：小さじ1/4
(8) 香草：5g（みじん切りにしておく）

《作り方》

① ニガ瓜を皮むき器などで薄くスライスし、苦味を抑えるため、砂糖小さじ1を振りかける。

② バサ魚に塩と胡椒をまぶして10分おく。小麦粉をまぶし、黄色くなるまで揚げる。

③ ①と②を一緒にゴーイのドレッシングでよく和える。

④ 皿に盛り付け、香草をふりかける。

飾り：ミント、唐辛子

ベトナム式ロースハムの旨さがきいてます　　　　　　　　　　　北

ハム・エビ・万能ネギのゴーイ Gỏi hành hương

《用意する食材》
- (1) ベトナム式ロースハム（ゾー・ルゥア、右頁参照）：300g（薄く長方形にスライス）
- (2) ブラックタイガー：10尾（300g）（殻・背ワタを取り、茹でて縦に半分にカット）
- (3) ゴーイのドレッシング（☆）：大さじ3
- (4) ガーリックオイル（☆）：小さじ1
- (5) コリアンダー：50g（粗めにカット）
- (6) 万能ネギ：50g（熱湯にくぐらせる）
- (7) 甘辛風味のニュクマム（☆）：大さじ4

Ⓐ 大根：200g
　人参：200g
　キュウリ：200g
　蓮茎の酢漬け：200g
　（すべて長めに千切り）

飾り：人参とかぼちゃ、大葉、コリアンダー

《作り方》

① ブラックタイガーをゴーイのドレッシング・小さじ1に漬ける。

② Ⓐをゴーイのドレッシングの残りとガーリックオイルに漬け15分おく。

③ ゾー・ルゥアと②、コリアンダーを平らな皿などに並べておく。

④ ゾー・ルゥアで③の野菜類を巻き、上から万能ネギで縛る。この時に、ブラックタイガーを万能ネギとハムの間にはさむ。皿にあるものを同じようにすべて巻き、皿に並べてつける。

甘辛風味のニュクマムを茶碗に用意して、どうぞ。

材料（大根・人参・キュウリ・ハム・蓮茎の酢漬け・エビ等）

④ ゾー・ルゥアで野菜を巻く。

④ ブラックタイガーを万能ネギとハムの間に挟み、万能ネギで縛る。

> このハムの春巻きは1つ1つの形状が小さく、可愛らしい出来栄えになります。

《ナムの話》

　ベトナムには様々なハム類がありますが、その代表がゾー・ルゥア（Giò lụa）です。南部ではチャー・ルゥオ（chả lụa）とも呼ばれます。冠婚葬祭などの各種行事に必ず登場するハムです。

　このハムの材料は、豚ロースと良質のニュクマムなどです。それらを上手に混ぜ、バナナの葉で包んで数時間も茹でます。丁寧に作られたゾー・ルゥアには、豚肉の素朴な香りにほどよいしょっぱさと確かな食感がありますが、手を抜いたものはパサパサしたり、味がしょっぱ過ぎたりします。地方では家庭で作りますが、都市部では主にお店で買うようになりました。

　食卓に出す時は、2〜3cm位の厚みで輪切りにし、丸いお皿に6等分にして並べます。そのままでもおいしいのですが、塩胡椒にニュクマムを垂らしたつけダレに、ちょっとつけて食べることもあります。

　ファストフードとして、特に朝食に、2個の丸いおもちで挟んで売られたりします。おもちからはみ出すくらいに厚く切って挟むのがベトナム式です。

ゴーイ

エビ・イカ・あさりのおいしいゴーイ
海の幸のゴーイ Gỏi hải sản

南

《用意する食材》
- (1) ニンニク：5g（刻んでおく）
- (2) ゴーイのドレッシング（☆）：大さじ2
- (3) 白きくらげ：30g（水に漬けて膨らます。熱湯にくぐらせ水気を切る）
- (4) フライドオニオン：5g
- (5) エビせんべい：10枚（揚げる）
- (6) 落花生：10g（砕く）

> この写真では蓮茎も和えていますが、なくても玉ねぎやパプリカの食感で充分楽しめます。

Ⓐ ブラックタイガー：10尾（300g）
（殻・背ワタを取り除く）
イカ：100g
（ヤリイカなど。きれいに洗い、5mmの厚さでリング状にカット）
あさり：300g（砂を吐かせておく）

Ⓑ 玉ネギ：50g（千切り）
パプリカ：1個（千切り）
スィートバジル：5g（葉をみじん切り）
生姜の酢漬け：40g（市販のものでよい）

> 生姜の酢漬けの作り方
> 生の新鮮な生姜を薄切りにして、酢にひと晩つけておけば出来上がりです。

飾り：ミント

《作り方》

① ❶を全部を熱湯にくぐらせる。あさりはその後に身を取り出す。

② サラダ油を引いたフライパンでニンニクを炒め、香りが出たら①を入れて強火にする。火が通ったら冷まし、ゴーイのドレッシング大さじ1をかけてよく混ぜる。

③ 白きくらげと❷を一緒にゴーイのドレッシング・大さじ1とよく和える。

④ ②と③を一緒によく混ぜ、皿に盛り付ける。

⑤ 落花生とフライドオニオンを適量ふりかける。

⑥ エビせんべいに盛って頂きます。

column

食文化から見たベトナム
Đất nước Việt Nam—nhìn từ văn hóa ẩm thực

　ベトナムの国土は日本のように南北に長く、その距離はハノイ市とホーチミン市間だけでもおよそ1260km、海岸線を辿ると約3300kmにもなります。そのため、北部・中部・南部の差異も大きく、食文化も多様です。

　気候的には、温帯モンスーンおよび亜熱帯地方です。北部から中部北にかけては、酷暑の夏もあれば降雪地帯（北部の一部）もあり、1年を通じてかなり寒暖の差があります。他方、南部では、雨季に入ると傘も役立たないほどの土砂降りのスコールが降り、かと思うとすぐに晴天になって、涼しい風が吹き込みます。中部では、場所によっては長期間雨が降り続け、毎年のように洪水を引き起こしたりします。

　ベトナムは、約2000年の歴史を通じて隣国の中国から文化・思想から政治体系、法律まで、ありとあらゆる分野で強い影響を受けました。フランスによる植民地支配も約100年続きましたが、中国のそれに比べたら取るに足らない期間でした。現地に行くと、一部ではフランス風の建築物や「フランスパン」などが目に付きますが、全体的にはあらゆる場面で中国的なるものがベトナム人の生活に浸透しています。

　日本ではよく、「ベトナムといえばフランス式」というキャッチフレーズが商業的に使われますが、実際には「ベトナムといえば中国的なもの」と認識した方が、現実に即していると言えるでしょう。

　ベトナムの現代史は、革命と戦争の連続でした。1930年から始まる共産党による

ベンタイン市場前の広場（ホーチミン市）

巨大せんべいのバイン・ダーを運ぶバイク（ハノイ）

　フランスへの抵抗運動はやがて戦争へと発展し、1954年のディエンビエンフーの戦いでフランスはベトナムから撤退しました。しかし、その間に東南アジアでの共産主義の拡大を防ごうとするアメリカとの確執が始まり、ついにベトナム戦争が勃発しました。約15年間続いたこの戦争は1975年に終わりますが、今度は中国との対立が原因でカンボジアへ進攻し、さらに中国との戦争が起きて、国内は戦時経済体制が80年代半ば過ぎまで続きました。ですから、国民生活はずっとどん底状態で、食料と生活必需品のすべてが不足していました。国民生活をかろうじて支えたのは「配給制度」でしたが、それは国民を「生かさず殺さず」におく、というものでした。そのため、共産主義が最初に広まった北部の人々にとっては、元々苦しかった生活が相変わらず続き、舌が肥えた地主階級が一掃され、伝統的な食文化も崩壊しました。

　天災が多発する中部も同じで、ひどい地域では、おかずに唐辛子しかなかったと言われています。南部は資本主義社会を経験し戦争中でも外食産業が盛んでしたから、混迷の中でもそれなりに食べていけました。しかし、戦後になって突然配給制度下におかれ、南部の人々もそれまで経験すらしなかった「飢え」や「米不足」に陥ることとなり、経済的にも精神的にもつらい日々を送ることになりました。

　例えば、ベトナムの食卓には欠かせない「つけダレ」。ベトナム人が調味料に魚醤の「ニュクマム」を多用するのは有名ですが、その「ニュクマム」は、「コム」という小魚に塩をたっぷりまぶして、樽で発酵させることで出来上がります。発酵した時点ではそれはあくまで原液であり、各家庭は銘々が原液を購入して、水や砂糖、酢、唐辛子等々を混ぜてその家の味に作り上げるのが一般的です（一番搾りは風味があり、格別においしいとされています）。

column

しかし、革命と戦争の苦しさを長く味わった北部、特に首都ハノイでは、原液をそのまま口にしても気にしない人々が増えてしまいました。もともと原液は、塩分がとても濃厚です。このため料理の味付けに使うことはできてもつけダレにするには塩分が強すぎて、せっかく作った料理全体の味、風味を損ねてしまいます。つけダレは料理の引き立て役なのに、その重要な役割がこの時期に忘れられてしまったのです。

ニュクマムの「一番だし」は、本来は美味なるものです。でも計画経済のこの時期は、資本主義的経営な外食産業は禁止され、国営組織だけが「フォー」などの伝統料理を配給切符で提供していました。サービスの概念などない官僚的な販売が当たり前となってしまったために、その味たるや散々なものでした。それだけではなく、そうした味が当たり前、という味覚を人々に定着させてしまったのです。

こうした「味覚の忘却」は、柔軟な経済感覚がなかなか定着しなかった北部で特に顕著でした。このように、戦争やその後の閉鎖的なシステムは、「ベトナム料理の伝統的味覚」の継承を断ち切り、人々の味覚を鈍化させてしまいました。

その後、市場経済制度が90年代に浸透し始めると、もともと料理の素材が豊富な南部、特にホーチミン市（旧サイゴン市）ではすぐに外食産業が復活し、食品産業も拡大しました。これとは対照的に、北のハノイ市には伝統的なベトナム料理を提供するレストランはほとんどなく、ほんの数軒

街角カフェ（ハノイ）

台所でレモングラスを選別する（ハノイ）

だけがほそぼそと外国人向けに営業していました。
　90年代初めになってからハノイ市にも、歩道を占拠するように、麺類やおこわ、パンなどの「ベトナム式ファストフード」の販売が広がり始めました。ほどなくして店舗形式での飲食街があちこちに自然発生してゆきますが、そのほとんどが、「にわか料理人」でした。
　それまでは経済的な理由から、ほぼすべての人々が昼は円柱形のアルミ製の器に入れた弁当を食べるか、（家が近いため）いったん帰宅して食事をし、夕食も必ず家庭で食事をするというのが決まった生活パターンでした。お客の接待も、「自宅で行なう」ことが美徳のようにも言われてきましたが、その内実はやはり経済的な理由からでした。実際は、人々の外食への憧れは強く、出遅れたハノイ市の外食産業は短期間で急成長しました。

　面白いことに、90年代半ばまでのハノイ市では、揚げ春巻き、生春巻きなどの伝統的な料理を口にしたい時は、いちいちレストランに行かねばなりませんでした。それらはすべて外国人向けのお店でしたから、結構値が張ったものです。
　たまに個人の家に招待されて、伝統料理を出されることもありましたが、その時は必ず「これがベトナムの伝統料理です」と誇らしげに説明してくれるのでした。しかし、ご馳走になっておきながら心苦しい限りですが、お世辞にも「美味」とは言い難いものでした。例えば揚げ春巻きなら、少量の油で長時間揚げられたために黒く焦げ、油を思いっきり吸い込み、つけダレのニュクマムにはまったく工夫がなされていないなど、伝統的なおいしい料理の風味とはかけ離れていたのです。
　ただし、かつての地主階級や知識人層の一部の人々は、伝統的な味覚を細々と守っ

column

ていました。彼らは戦後もしばらくの期間はかなり政治的に疎んじられましたが、それでも文化的教養や礼儀、習慣を忘れずに伝統的な生活スタイルを変えようとしませんでした。こうした家庭では、たとえ経済的に裕福でなくなっても材料1つ1つの素材選びはもちろんのこと、料理ごとに、味付けが異なるつけダレをきちんと区別して出したり、トータルとしての食事の味わい方をイメージして客人をもてなしたりするなど、細やかなこだわりが見られました。ただ、こうした精神的なゆとりを持った人たちが、商いとして食文化を伝えることは稀でした。

現在は生活レベルが向上したこともあり、ホーチミン市やハノイはもちろんのこと、観光客が多数訪れる地域では外食産業が人々の生活に深く根付いたことは間違いありません。ことに南部は「宵越しの金は持たない」気質で知られており、地元レストランや食堂は連日、その日の終わりを家族や仲間内との食事で楽しく過ごす人々で、賑わいを見せています。その勢いは北部の人々にも影響を与え、ビールを片手に「ヨー」(ジョー)と一斉に叫ぶ南部式の乾杯で食事を始める集団をハノイ市でもよく目にします。レストランや食堂の栄枯盛衰もそれなりに激しく、人々の、味に対するシビアな態度が見て取れます。また、テレビでも料理番組が放映されたり、料理本もかなり出版されるようになりました。人々は徐々に、よりおいしいベトナム料理を模索するようになっています。

レストラン「Khai's Brothers」(ハノイ)

ソーイ

「ソーイ」（おこわ）屋さんはたいてい、路地の角や歩道の真ん中あたりを定位置にしています。そこに通学中の子どもや通勤途中の大人が小さなイスにちょこっと座ってそれぞれ好きなソーイをもぐもぐ食べているのです。昔ながらのバナナの葉にソーイを包む店もあれば、新聞紙にのせる店もあります。路上の小さなイスに座ってあたりを見回すと、ベトナムワールドに引き込まれた不思議な感じがします。

フライドオニオンの旨みが緑豆にマッチ
ソーイ・セオ Xôi xéo

《用意する食材》
(1) もち米：420g（よくとぎ、湯に漬け、ウコンを入れて4時間ほどおく。1晩でもOK）
(2) 緑豆（皮をむいていないもの）：カップ半分（水に漬けおきし水分を含ませたら水洗いする）
(3) ウコン（粉）：小さじ1
(4) 塩：大さじ1
(5) サラダ油：50cc
(6) フライドオニオン：100g

《ナムの話》
南部風にしたい場合は、焼いた鶏肉を添えたり、砂糖を適量ふりかけてもOK。香りを出したい場合はパイナップルの葉を一緒に炊き込む方法もあります。

《作り方》
① もち米をザルでよく水を切り、塩をまんべんなく振りかけ炊く。

② 緑豆を蒸して柔らかくし、すりつぶす。握りこぶし大に丸める。

③ ①のもち米は熱いうちに適量を茶碗に。その上に②の丸めた緑豆を包丁で薄くスライスしながらのせてゆく。

> 丸めた緑豆を切る包丁はよく研いだものを。きれいにスライスできます。

④ さらにサラダ油を数滴垂らし、フライドオニオンをパラパラ適量振りかける。

熱いうちに頂きましょう。

これでベトナムの子どもたちの一日は始まります
落花生入りのソーイ Xôi lạc

《用意する食材》
(1) もち米：300g
(2) 落花生：100g
　　（落花生を水から軟らかく煮込んでおく）

Ⓐ ココナッツミルク：150cc
　 水：250cc
　 砂糖：20g
　 塩：5g

Ⓑ 炒り落花生：30g
　 炒りごま：30g
　 砂糖：50g
　 塩：5g

飾り：ミント

《作り方》
① ソーイを作る。もち米をとぎ、炊飯器で煮込んでおいた落花生とⒶと共に炊く。

② 炊き上がる10分くらい前にしゃもじで中を切るようにかき混ぜ、均等に火が通るようにする。おこわがふっくらとしてツヤが出て、落花生も軟らかくなれば出来上がり。

③ Ⓑをよくかき混ぜ、ソーイにつける調味料を作る。

ソーイを適量茶碗に盛りつけ、③の調味料を少しつけて頂きましょう。お好みで、温かい蓮茶と一緒に。

> ベトナムでは豆乳などの健康飲料と共に、朝食としてよく食べます。

もち米にのった脂がほのかな甘みをかもしだす
緑豆のソーイ Xôi đậu xanh

《用意する食材》
(1) もち米：200g
(2) 緑豆：100g（よく洗い、湯で15分煮込んだらザルに移す）
(3) 湯：250cc

🅐 ココナッツミルク：100cc
　水：250cc
　砂糖：10g
　塩：5g

🅑 塩：5g
　砂糖：50g
　ごま：50g

このように盛り付けてもおいしい

飾り：ミント、バナナの葉

《作り方》
① もち米をとぎ、炊飯器で🅐と緑豆と共に炊く。
② 炊き上がる10分くらい前にしゃもじで中を切るようにかき混ぜ、均等に火が通るようにする。もち米にほのかな甘みが出れば出来上がり。
③ 🅑をよく混ぜ、ソーイにつけて食べる調味料を作る。

これにつけて頂きます。

《ホアの話》
緑豆のソーイ　Xôi đậu xanh

Xôi đậu xanh とは緑豆を用いるソーイ（おこわの全般的な名称です。
ベトナム語で đậu とは「豆」を意味しますが、「停まる」という動詞的な意味もあります。
その昔、ベトナム建国の父と呼ばれた雄王の一行が船で大河の下流を移動中のことです。王が突然、船を停めさせました。木々が青々と生い茂った美しい風景に、数十万羽もの鳥の群れが飛び交い、大地に身を隠してはまた飛び立っていたのです。王は言いました。
「鳥たちがわざわざ羽を休めるのは、この土地に恵みがあるからだ。我々もこの土地をしっかりと拝んでみよう」
船から降りて河岸を散策すると、白く細長い茎に黒っぽい頭がついた、これまで見たことのない植物が大地から芽を出しています。王がその頭の皮をむくと、初々しい緑っぽい実が出てきました。これを調理させてみると香ばしく、もち米と一緒に炊いてみると旨みが一層際立つことがわかったのです。
後日、人々はこの植物を「船を停めた時に河岸で生息していた植物」と名づけ、それがやがて「緑（xanh）」と結合して、đậu xanh となったのでした。

ホーチミンのおいしいお店

Hủ tiếu mì sườn Vũng tàu Tùng Hưng
ベトナムの有名な男優が経営するフゥー・ティウ麺専門店。（p.165写真も）

Quốc Ký（Phở bò viên）
地元の人しか知らないお店。牛のつみれ入りフォーがおいしい。（P.165参照）

おかゆ

おかゆ（チャーオ＝cháo）は消化がよく、身体に馴染む、ベトナムに古くからあるファストフード。お米にさらにもち米を入れて腹持ちよくさせたり、暑さで疲れた体を癒します。お年寄りや子どもの食事としても人気です。肉や香菜を入れれば、立派な料理の一品にもなります。チャーオにちなんだ諺もたくさんあります。"Ăn cháo đá bát"「おかゆ茶碗を蹴って返す」とは、「生活が苦しい時にご馳走してもらったおかゆ茶碗を蹴って返す」。日本で言う「恩を仇で返す」です。

なお、ベトナム語の挨拶は chào、フライパンは chảo、ご参考に！

朝食や夜食、あるいは冷える日に好んで頂く料理の一つ

鶏肉のおかゆ Cháo gà

全

《用意する食材》
- (1) 米：75g
- (2) もち米：50g 弱
- (3) 鶏肉：もも肉 2 枚
  （塩を充分にまぶす）
- (4) 万能ネギ：5 本 (みじん切り)
- (5) コリアンダー：2 本（大葉で代替可）（みじん切り）
- (6) 塩／胡椒／ニュクマム：各々適量

> 鶏肉は、本来は丸ごと1羽か、骨がついた部位を使うことでおいしくなります。

> おかゆの表面が黄色くなるのは鶏肉の脂によるものです。現地の地鶏を使うと、もっと黄色くなります。

《作り方》

① 鶏肉を水洗いし2ℓの水の鍋に入れる。塩を少し振り火（中火）にかける。沸騰したら火を弱めアクを取る。

② うるち米ともち米を水でとぎ、ザルでよく水分を切る。10 分ほどフライパンで軽く炒り①の鍋に入れる。沸騰したらアクを取り、弱火で米がとろけるまで煮る。底が焦げないように時々鍋をかき混ぜる。

③ 米がとろけてとろみが出てきたら塩・胡椒・ニュクマムを入れて味を見る。鍋に入れたまま、鶏肉の肉をフォークなどでそぎ落とす。骨は鍋から出してもよい。

④ 熱いおかゆをどんぶりに入れ、万能ネギとコリアンダーをふりかける。千切りしたレモングラスをふりかけると香りが良い。

熱々のうちに頂く。

あっさりだけど腹持ちもよくて、今日も元気！

ハツとレバーのおかゆ Cháo tim gan

《用意する食材》

(1) 鶏または豚の骨：1kg（きれいに水洗いする）
(2) 米：300g弱（水でとぎ、ザルでよく水気を切る）
(3) もち米：50g弱（水でとぎ、ザルでよく水気を切る）
(4) 豚のハツ：200g
(5) 豚のレバー：150g
(6) 万能ネギ：5本（洗ってみじん切り）
(7) 大葉：15枚（洗ってみじん切り）
(8) 塩／胡椒／ニュクマム
(9) 水：適量 800cc程度。おかゆの固さのお好みで増減して下さい。

> ハツ、レバーは固くなり過ぎないように火を通してください。

《作り方》

① 鶏または豚の骨を、骨が浸るくらいの水（分量外）で中火にかけ、沸騰したら骨を取り出し湯を捨てる。再び水を入れ骨を充分煮込んで取り出し、煮汁のみ残す。

② 米ともち米を10分間ほどフライパンで軽く炒め①の鍋に入れる。沸騰したらアクを取り弱火で米がとろけるまで煮る。底が焦げないよう時々かき混ぜる。

③ ハツとレバーを水洗いし、ペーパータオルなどで水気をふき取る。脂肪分を取り除き、表面が大きくなるように薄くスライス。別々に塩・胡椒とニュクマムで味付けする。

④ ②の鍋がよく炊けたところに③を入れて均等に混ぜ、充分、火を通す。味見をし、よければ、熱いおかゆをどんぶりに入れ、万能ネギと大葉をふりかける。熱々で頂く。

食材 4

ベトナムに行ったら手に入れたい簡単食材

カインチュアの素
Viên gia vị canh chua
カインチュアのスープを作れる。ベースの味は甘酸っぱい。

フゥー・ティウ・ナムヴァンの素
Viên gia vị phủ tiếu nam vang
ベースの味は甘辛く、フゥー・ティウのスープが作れる。

牛肉のフォーの素
Viên gia vị Phở bò
手軽においしいフォーのスープが作れる。

北部のコナス漬
Cà pháo
日常の食卓に必ず出される。日本の漬物に近い。

ブン・ボー・フエの素
Viên gia vị bún bò Huế
辛い味がベースになったスープの素。

牛肉煮込み用調味袋
gia vị nấu bò kho
牛スネ肉の煮込み料理 (p.58) の煮込む時のベースとして。

カレーパウダー
Bột cà ri
様々な香辛料の入ったベトナム産のカレー粉。カレーはもちろん炒め物など、日本のカレー粉と同じ要領で。

唐辛子のすりつぶし
Ớt xay / Ớt giã
粉唐辛子より風味や食感があり、自分で擂る手間も省ける。

ゾー・ルゥア
Giò lụa
行事に必須のベトナム・ロースハム。材料は豚ロースと良質のニュクマムなど。南部では「チャー・ルゥオ」とも呼ぶ。

デザート

バナナやサトイモ、とうもろこしなど身近な食材に少し手を加えるだけで、ベトナムならではのデザートに。冷やしても、温かいままでもおいしい。
温かいジャスミン茶や蓮茶と一緒にどうぞ。

お茶碗にぜんざいをよそいで、落花生をふりかけて頂きます

ベトナム風もち団子のぜんざい Chè trôi nước

《用意する食材》
- (1) もち米粉：200g
- (2) 緑豆：100g（水につけて軟らかくしておく）
- (3) 白砂糖：200〜250g
- (4) 生姜：1個（やや太めに千切り）
- (5) 炒め落花生：50g（小さく砕く）
- (6) 塩：小さじ1/4
- (7) 温水（35度、熱湯は不可）：1ℓ
- (8) 水：600cc

《作り方》

① 軟らかくなった緑豆に塩をかけ、蒸すか煮るかして、よくすりつぶす。親指大の大きさの団子に丸める。

② もち米粉に温水を入れ、柔らかくなるまでよくこね、団子状に丸める。

③ 鍋で白砂糖と水をかき混ぜ、沸騰させる。泡が出たら取り除く。水が透明になったら生姜を入れ、火を弱火にする。

④ ②の団子を平たく延ばし、①を真ん中にのせ再び団子にする。具が飛び出さないように注意。

⑤ ③に④の団子を1つずつ入れ、中火にして10分茹でる。団子が浮かんできたら出来上がり。

> 火が強すぎると入れた団子が割れるため、強火にしないこと。

お椀にぜんざいを入れ、その上に落花生をふりかけて頂きましょう。冷やしてもおいしいです。

④ もち米の団子を平たく延ばし、緑豆の団子を真ん中にのせる。

④ 再び団子にする。

④ 具が飛び出さないように。

飾り：ミント

バナナの甘みをココナッツとタピオカでコーティング

バナナ・ココナッツ Chuối xào dừa

（南）

《用意する食材》

(1) バナナ：5本
(2) タピオカ（大粒）：50g
(3) 片栗粉：小さじ1
(4) 落花生：30g（小さく砕く）

Ⓐ 砂糖：150g
　ココナッツミルク：100cc
　塩：5g
　水：250cc

《作り方》

① 沸騰させた水1.5ℓ（分量外）でタピオカを45分間茹で、水ですすぎ冷ます。

② Ⓐを鍋で沸騰させ①を入れる。混ざったら片栗粉を入れ、とろみをつける。

③ バナナを20分程ふかし、皮をむき冷まし、一口サイズにカット。皿に並べて②を上からかけ、さらに落花生をふりかける。

温かくしても冷やしてもおいしく頂けます。

ベトナム庶民の甘味
焼きバナナのデザート Chuối nướng

中 南

《用意する食材》
(1) 熟れたバナナ：5本（皮をむき 10cm 位にカット）
(2) もち米：200g（といでおく）
(3) バナナの葉：100g
(4) 片栗粉：小さじ 2（水小さじ 2 で溶く）
(5) 落花生：20g（小さく砕く）

Ⓐ ココナッツミルク：100cc
　水：125cc
　砂糖：50g
　塩：5g

Ⓑ ココナッツミルク：50cc
　水：170cc
　塩：5g
　炒り落花生：50g

飾り：ミント

《作り方》

① Ⓐを煮てよくかき混ぜ、片栗粉を入れとろみをつける。

② もち米をⒷで炊く。炊きあがりは柔らかめ。取り出して冷まし、ローラーなどで平らにし、バナナを巻ける程の大きさに切る。

③ ②の上にバナナをのせて巻き、バナナの葉で包む。

④ 190℃で 12 ～ 15 分オーブンで焼く。葉の表面が焼け、香ばしい香りが漂ったら出来上がり。皿に取り出し①をかける。落花生を振りかけてどうぞ。

③バナナを巻く。

デザート

あっさりなのに食べがい感じる嬉しいデザート

サトイモのチェー Chè khoai sọ

《用意する食材》
- (1) サトイモ（大粒）：300g
- (2) もち米：100g
- (3) バニラエッセンス：小さじ1/4

Ⓐ 砂糖：200g
　ココナッツミルク：100g
　塩：5g
　水：750cc

飾り：ミント

《作り方》

① サトイモを20分程ふかして冷まし、皮をむいて一口サイズにカット。

> サトイモが崩れないよう、長時間火を通さないことがコツです。

② 水でといだもち米にⒶを足して20分炊く。①を入れ、5分ほど軽くかき混ぜて出来上がり。

③ 最後にバニラエッセンスをかける。

温かくしても冷やしても、おいしく頂けます。

大事なお客様に味わってもらう高級デザート
蓮の実入りのチェー　Chè hạt sen

《用意する食材》

(1) 龍眼（ロンガン）（缶詰）：1個
(2) 乾燥蓮の実：50g
(3) バニラエッセンス：小さじ1/3
(4) 水：1ℓ
(5) 塩：小さじ1

Ⓐ 砂糖：200g
　水：875cc

《作り方》

① 龍眼の種を抜き取る。

② 塩・小さじ1を入れた水1ℓに蓮の実を入れ30分、軟らかくなるまで煮込む。

③ Ⓐを火にかけ沸騰したら①と②を入れる。5分ほど煮たら出来上がり。

④ 仕上げにバニラエッセンスをかける。

冷蔵庫で冷たく冷やして頂きましょう。
美味しくてオススメです。

飾り：ミント

小さいお茶碗でどうぞ。冷やしても温めても美味しくいただけます　中　南

とうもろこしのチェー　Chè bắp

《用意する食材》
(1) もち米：100g
(2) とうもろこし：缶詰1個（またはとうもろこし1本）
(3) 砂糖：170g
(4) ココナッツミルク：150cc
(5) 水：700cc

《作り方》その1：（本場式）
生のとうもろこしをまるまる1本使う方法

① 生のとうもろこしをよく茹で、包丁の刃で粒をそぎ落とす。

② 茹で湯を使ってもち米を20分煮込み、①のとうもろこし粒を入れて10分ほど火を通す。

③ 砂糖とココナッツミルクを入れ、鍋底に焦げ目がつかないようによくかき混ぜる。3分たったら火を止める。

《作り方》その2：
市販の缶詰を使う方法

① もち米をよくとぎ、ふっくらとなるまで水で、中火で約20分煮込む。

② とうもろこしは包丁の刃でたたいて形を崩し、柔らかくして①と一緒に煮る。

③ ②に砂糖とココナッツミルクを入れ、鍋底に焦げ目がつかないようによくかき混ぜる。3分たったら火を止める。

> 強火にしないこと。吹きこぼれると鍋底に焦げ目がつく原因になります。

飾り：ミント

とうもろこしの話
Câu chuyện bắp ngô

column

　ベトナム語で「とうもろこし」はNgô（漢越音では「呉」）ですが、これは中国から伝わったと言われています。
　明朝の時代に中国に渡ったフン・カック・コアンという人物が、さとうきびのように背が高く、花が咲き、粒状の実がびっしりと本体に張り付いている植物を初めて目にしました。粒を取って調理するととても香ばしく、柔らかくて栄養分も豊富でした。それが、とうもろこしだったのです。米が収穫できない時期には主食にもなり得ると考えた彼は、是非ベトナムに持ち帰りたいと中国側に打診しますが、当時の中国ではとうもろこしは「玉米」と喩えられるほど貴重な植物で、国外持ち出しを固く禁じていました。
　しかし、彼は種だけでも持ち出す決意を固め、部下全員になんとしてでも種を持ち出すように命じました。部下たちは、手荷物はもちろんのこと、種が入る隙間が体にあればどこにでも隠してベトナムに持ち帰りました。
　こうしてベトナムで栽培されたとうもろこしは立派に成長し、人々の食糧を補うようになりました。当時は中国のことをNgoと呼んでいたことから、とうもろこしはCây Ngô＝「Ngôの木」と名づけられました。
　ベトナム人が体内のあらゆる隙間に種を隠したために、とうもろこしが祭壇のお供え物になることはありませんでした。それでも、とうもろこしの栄養ある自然のおいしさは家庭料理やおやつの材料として重宝され、今に至っています。

早朝荷を引く男性たち（ハノイ）

知っておくと一味違う！ ベトナムの料理用語

調理編

よく洗う	Rửa sạch
水切りする	Ráo nước
計る	Đong
皮をむく	Bóc vỏ
切る（細く／太く）	Cắt (mỏng/dày)
みじん切り（細かく切る）	Thái nhuyễn
みじん切り（包丁の刃でたたく）	Băm nhuyễn
千切り	Bào sợi / Thái sợi
切る	Cắt
四角く切る	Cắt vuông
細かく刻む（ミンチ）	Băm
すりつぶす	Nghiền / xay
ちぎる（縦／横）	Xẻ (dọc/ngang)
搾る／削る	Vắt / Bào
ミキサーにかける	Xay nhuyễn
縛る	Buộc
巻く	Cuốn
湯にくぐらせる	Trụng sơ
茹でる	Luộc
炊く・火を通す	Nấu
炒める	xào
甘露煮にする（煮る）	Kho tộ（Kho）
蒸す	Hấp
浸す（ひたす）	Ướp
漬ける	Ngâm
（さっと）焼く	Nướng qua
（こんがり）焼く	Nướng vàng
柔らかくなるまで火を通す	Chín mềm
蒸気・湯気が立つ	Bốc hơi
ぬめりを出す	Cho sệt lại
あくを取る	Vớt bọt
冷ます	Để nguội

沸騰するまで沸かす	Đun sôi
ご飯を炊く	Thổi cơm
混ぜる（均等に）	Trộn (đều)
乾かす（熱風などで）	Sấy khô
焦げる	Bị cháy
焦がす	Làm cháy
小火／中火／強火	Lửa nhỏ / Lửa vừa / Lửa lớn

台所器具編

厨房（台所）	Bếp
流し（シンク）	Bồn
コンロ（ガス／電気）	Bếp ga / Bếp điện
オーブン	Lò nướng
電子レンジ	Lò vi sóng
冷蔵庫	Tủ lạnh
包丁	Dao
まな板	Thớt
お玉	Muôi
鍋	Nồi / Xoong
フライパン	Chảo
さじ（大／小）	Thìa (lớn/nhỏ)
お箸	Đôi đũa
蓋	Vung
（蓋を）する／とる	Đậy vung / lấy vung
挟む	Kẹp
（箸等で）つまむ	Gắp
はさみ	Kéo

食料品取り扱い編

作り方	Cách làm
食材	Nguyên liệu
並べる（＝飾る）	Trang trí
（中から）出す	Lấy ra
（中に）入れる	Cho vào
新鮮な	Tươi
火が通る	Chín

カビが生える	Bị mốc
傷む	Bị hỏng
冷凍する	Để đông lạnh
解凍する	Làm tan đá
水分を含ませる	Cho thấm nước
使用期限が過ぎた	Hết thời hạn sử dụng
まだ使える	Vẫn dùng được
まだ食べられる	Vẫn ăn được
長くおける	Để được lâu
長くおけない	Không để được lâu
必ず冷蔵庫に入れる	Phải để tủ lạnh

食料品編

調味料	Gia vị
塩胡椒	Muối tiêu
米／ご飯	Gạo / Cơm
パン	Bánh mì
牛乳	Sữa
卵	Trứng
牛肉／鶏肉	Thịt bò / Thịt gà
（豚）肉	Thịt lợn（＝ heo）
もも肉／三枚肉	Thịt đùi / Thịt ba chỉ
ひき肉	Thịt băm
むね肉	Thịt ức
脂／油	Mỡ / Dầu
野菜／香草	Rau / Rau thơm
ココナッツミルク	Nước cốt dừa
果物	Hoa quả / Trái cây
葉	Lá
茎	Cọng / Cuộng
身	Thân
皮	Vỏ（da）
スーパー	Siêu thị
市場	Chợ
買う	Mua
輸入品	Hàng nhập

高級品	Hàng cao cấp
普通の品	Hàng thường
デザート	Tráng miệng
ビール／酒	Bia / Rượu
ミネラルウォーター	Nước khoáng
ティー／アイスティー	Trà / Trà đá
アイスコーヒー	Cà phê đá

出来上がり編

どうぞ	Xin mời
この料理はどなたが作られたのですか	Món này ai làm ạ？
この料理は私が作りました	Món này tôi tự làm
一生懸命作りました	Tôi đã cố gắng làm
とてもお上手ですね	Rất khéo tay
香ばしい	Thơm
おいしい	Ngon
（やや）辛い	（Hơi）Cay
（やや）甘い	（Hơi）Ngọt
（やや）しょっぱい	（Hơi）Mặn
（やや）酸っぱい	（Hơi）Chua
（やや）苦い	（Hơi）Đắng
（やや）生臭い	（Hơi）Tanh

ハノイのおいしいお店

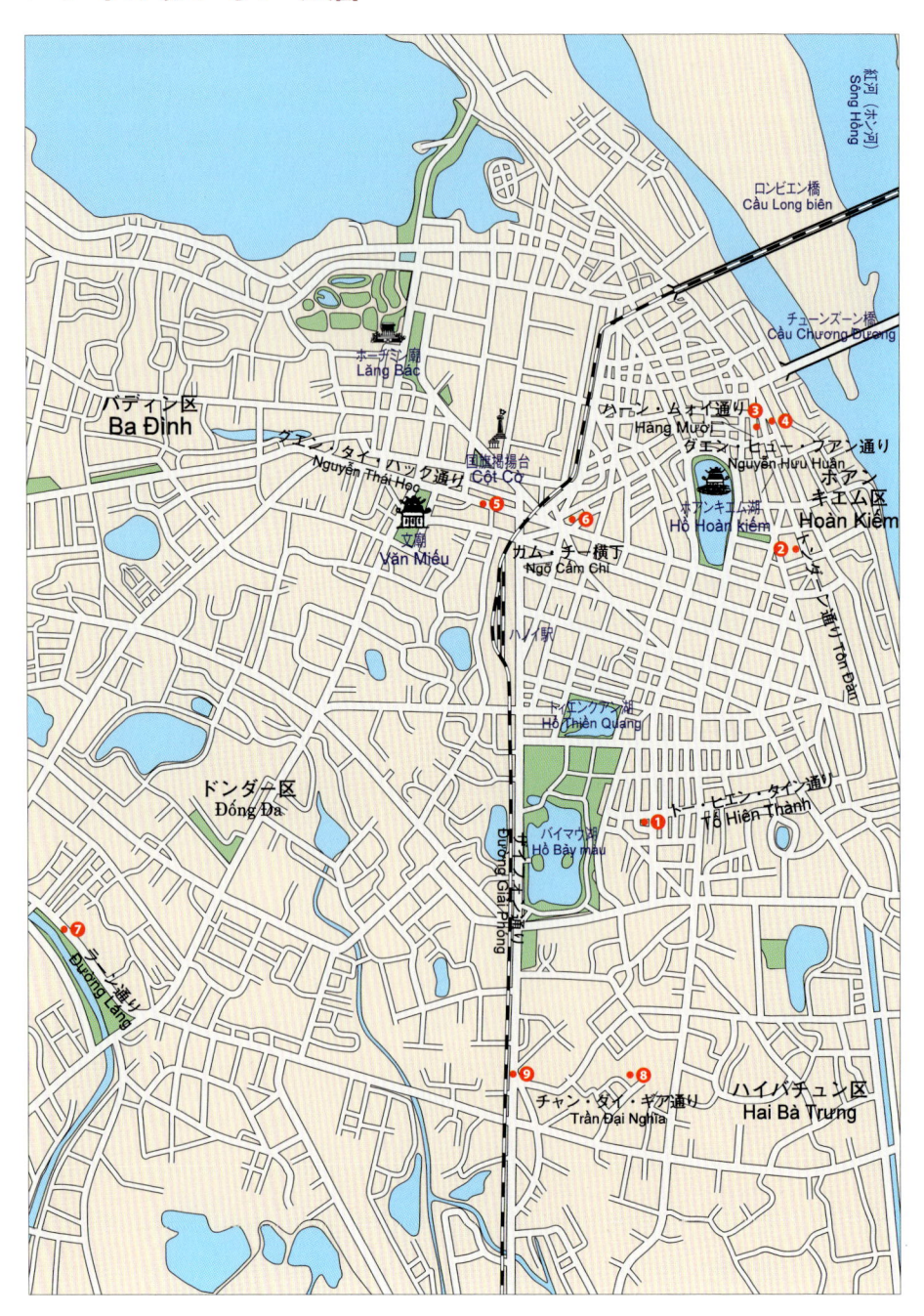

❶ Bánh cuốn bà Hoành Thanh Trì
［住所］ 66 Tố Hiên Thành
具のないバイン・クオンを伝統的調理法で食べられる。おいしさ抜群の店。

❷ Xôi Yến
［住所］ 35b Nguyễn Hữu Huân
ハノイで人気ナンバーワンのおこわ店。安くていっぱい食べられる。(p.106写真)

❸ Bia Hơi Hà nội
［住所］ 12 Tôn Đản
おつまみ・料理がおいしい庶民居酒屋。ハノイビール酒造の「ビアホイ」が飲める。英語は通じないのに欧米人がよく入る穴場的な店。(p.105写真)

❹ Phở Vân
［住所］ 21 Hàng Muối
目玉料理は店名の「フォー」ではなく、「ブーン・ターン」。昔ながらの店構え。朝食にお勧め。(p.106写真)

❺ Khai's Brothers（旧名：Brother's Cafe）
［住所］ 26 Nguyễn Thái Học
昼も夜もビュッフェ式。4種類の麺料理とベトナム料理全種類を満喫できる。(p.136写真)

❻ Ngõ Cấm Chỉ
［住所］ Ngõ Cấm Chỉ
安くておいしい店が集中した有名飲食街、Cam Chi（カム・チー）。麺類やバイン・クオン、おこわ屋さんなど、伝統的庶民料理がすべて集合。(p.24・p.106写真)

❼ Cồ Mít
［住所］ 64 đường Láng, Q.Đống đa

❽ Cồ Sơn
［住所］ 13 Trần Đại Nghĩa, Q. Hai Bà Trưng　(p.21写真)

❾ Cồ Cử
［住所］ 237 Giải Phóng, Q.Đống Đa
「ナムディン省のフォー」の店。この地域ではCồという姓の家が伝統的なフォーを受け継いでいるとされ、そののれん分けした3店。外国人向けサービスはない。

フエのおいしいお店

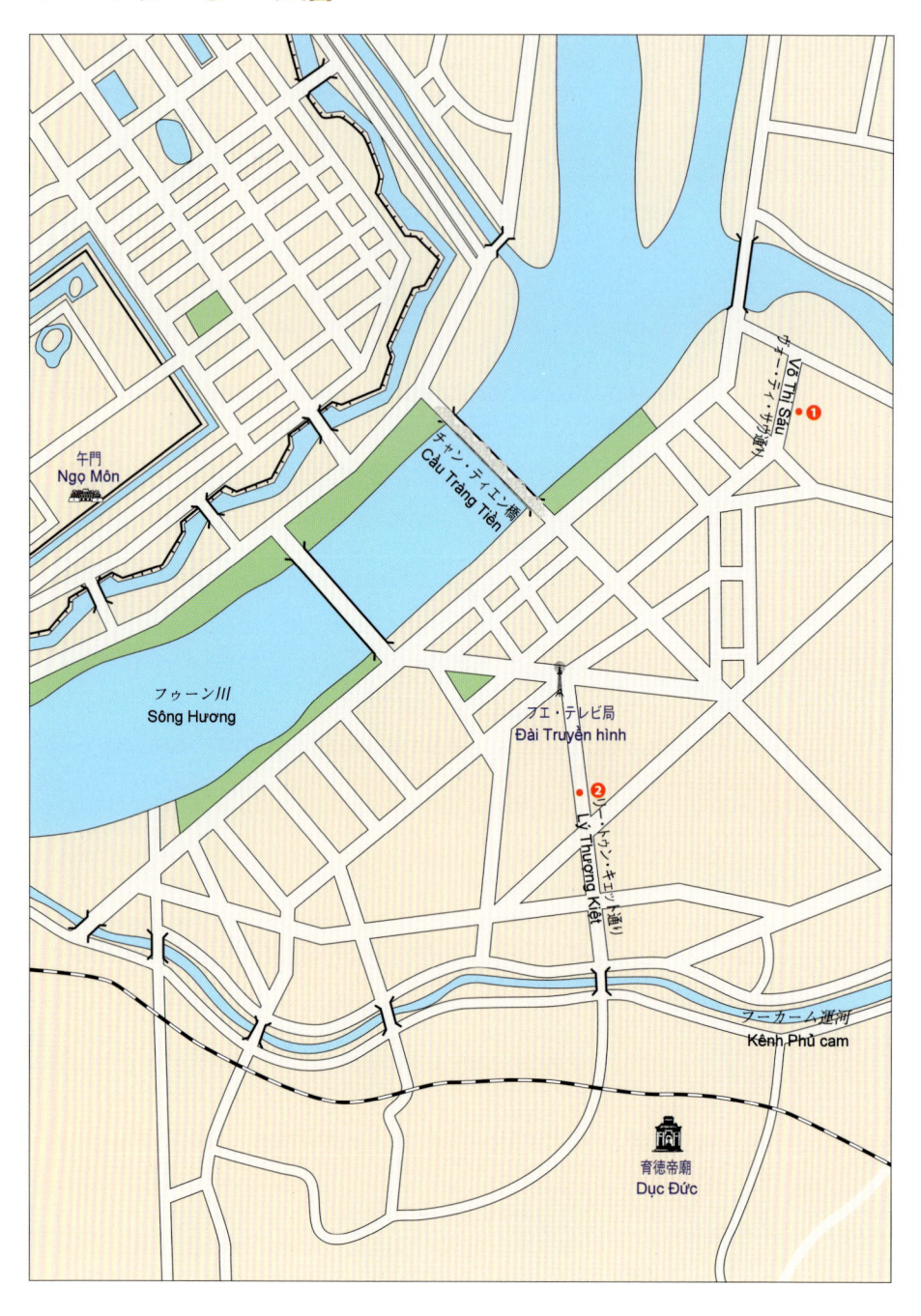

❶ Tiệm Hàng Me mẹ
　　［住所］　16 Võ Thị Sáu
　　フエ中心部にある。伝統的なフエ料理を安くいろいろお腹いっぱい味わえる、ローカルレストラン。

❷ Quán số 1 Bún bò Huế
　　［住所］　17 Lý Thượng Kiệt
　　フエのブーン麺専門店。気軽に立ち寄れるローカルな店。

ホーチミンのおいしいお店

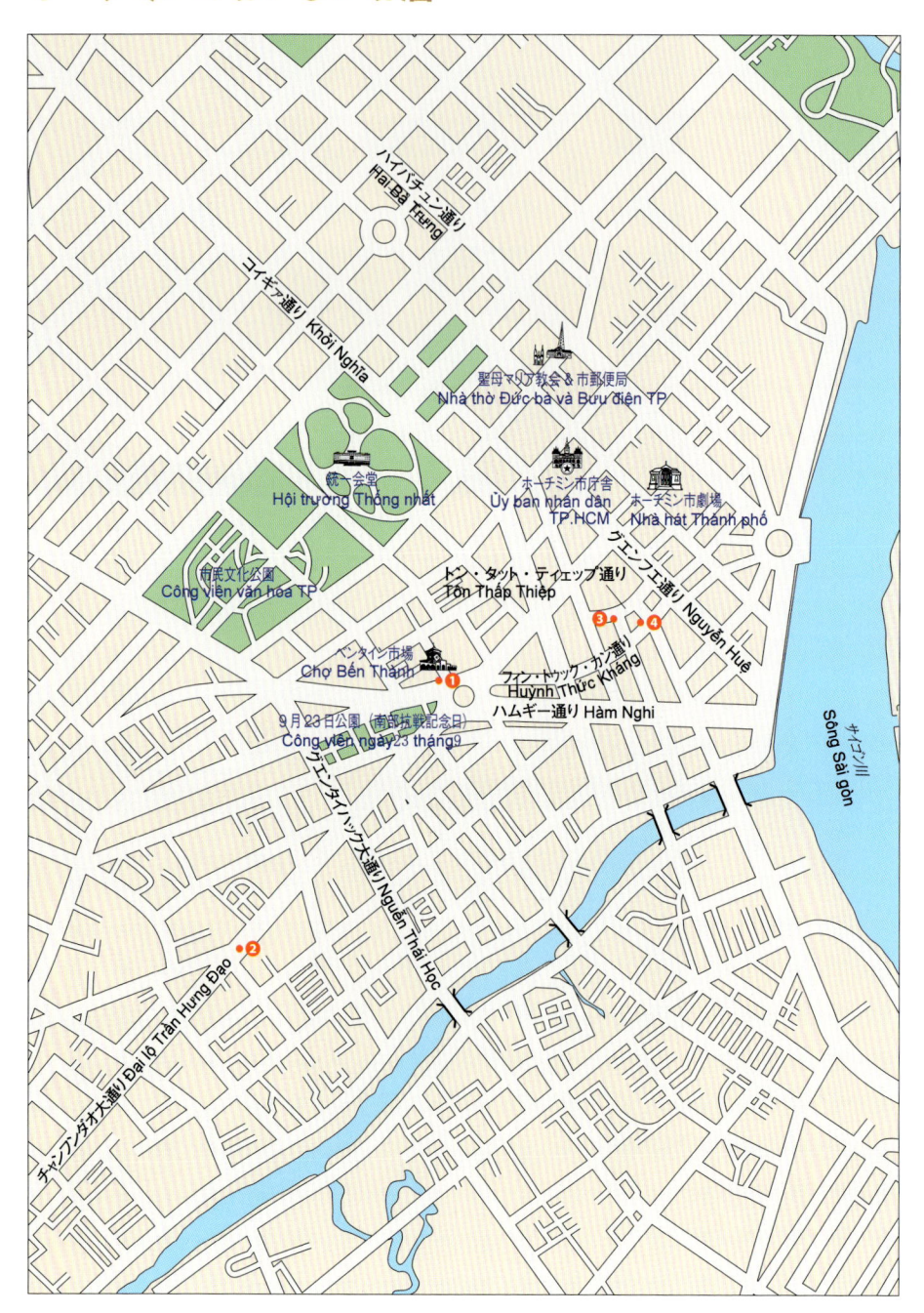

❶ Phở 2000
［住所］　1-3 Phan Chu Trinh, Bến Thành, Q.1

2000年に開店したチェーン店。フォーだけでなく麺料理や定食ご飯がおいしい。ベンタイン市場入り口のすぐ側。

❷ Hủ tiếu mì sườn Vũng Tàu Tùng Hưng
［住所］　47A Trần Hưng Đạo, Q.1

ベトナムの有名な男優が経営するフゥー・ティウ麺専門店。色々なバージョンの麺が味わえる。（上写真）

❸ Quan Nuong 3T
［住所］　29-31 Tôn Thấp Thiệp, Q.1

種類の豊富なベトナム的グリル専門店。おしゃれなカップルや家族連れにも大人気。本来のベトナム料理以外を食べたくなったらどうぞ。

❹ Quốc Ký (Phở bò viên)
［住所］　Huỳnh Thúc Kháng, Q.1

グエン・フエ通りのシティバンクがあるビル横の小通りから、徒歩1分。地元の人しか知らない店。牛のつみれ入りフォーが美味。

ファム・ドゥック・ナム （Phạm Đức Nam）

1982年、南部ベンチェ省生まれ。ホーチミン市立ホテル観光業養成学校のベトナム料理、西欧料理の両コースを卒業。ホーチミン市ボンセンホテルに3年間勤務後、同市バー・レストランMISS DIGANでコック長をつとめる。2002年「アジア-アセアンの若手料理家」賞、同年「ベトナム国内料理家」銅賞、2003年「アジア-太平洋料理家」奨励賞を受賞。2004〜08年、東京のベトナムレストラン「チュンゲン・ダイニング」でコック長を務める。

グエン・マイ・ホア （Nguyễn Mai Hoa）

1970年、ハノイ生まれ。1994年、ハノイ会計・財政大学卒業。同年、在ハノイ日本大使館勤務。96年に小高泰と結婚して来日。ベトナム料理教室を数多く主宰。2007年から2011年までサイト「E-VNSHOP」を運営し、ベトナム料理の紹介と食材の販売も手がける。著書:『会話で覚えるベトナム語666』（共著、東洋書店）。

小高 泰 （Odaka Tai）

1966年、サイゴン生まれ。母親は北部出身のベトナム人。1976〜79年、パリで小学生・中学生時代を送る。79年、日本に。94年、東京外国語大学大学院修士課程修了。この間、92〜93年、ハノイ総合大学留学。94年から在ハノイ日本大使館専門調査員。ドイモイ普及直後のベトナムでベトナム現代史や軍隊史を学びつつ、ベトナム社会の変容を目の当たりにする。現在、拓殖大学、早稲田大学等でベトナム語、ベトナム現代史を教える。
専門：ベトナム地域研究（軍隊史および現代政治）
著書：『ベトナム検定』（監修・執筆、めこん）、『ベトナム人民軍隊　知られざる素顔と軌跡』（暁印書館）、『会話で覚えるベトナム語666』（共著、東洋書店）、『ベトナム戦争の「戦後」』（共著、めこん）など。

[ベトナム食材取扱店]
福山商店：東京都大田区西蒲田7-64-4　TEL 03-3733-7730
むら珍食材：東京都台東区上野4-7-8 アメ横センタービル地下1階　TEL03-3834-6666

おいしい
ベトナム料理

初版第1刷発行 2011年8月12日

定価2000円＋税

著者	ファム・ドゥック・ナム
	グエン・マイ・ホア
	小高 泰
装幀	水戸部 功
編集	伊藤理奈子
発行者	桑原 晨
発行	株式会社 めこん
	〒113-0033 東京都文京区本郷 3-7-1
	電話：03-3815-1688　FAX：03-3815-1810
	URL：http://www.mekong-publishing.com
印刷・製本	太平印刷社

ISBN978-4-8396-0248-2 C2077 ¥2000E
2077-1106248-8347
写真は全て著者の撮影による。

JPCA 日本出版著作権協会
http://www.e-jpca.com/

本書は日本出版著作権協会（JPCA）が委託管理する著作物です。
本書の無断複写などは著作権法上での例外を除き禁じられています。
複写（コピー）・複製、その他著作物の利用については事前に
日本出版著作権協会（電話：03-3812-9424 e-mail：info@e-jpca.com）
の許諾を得てください。

めこんの本

ベトナム検定
監修 小高泰
定価2000円＋税／A5版／224ページ

インドネシア検定
監修 加納啓良
定価2000円＋税／A5版／240ページ

おいしいインドネシア料理
榎本直子、村上百合 著
定価2500円＋税／A5版／168ページ

タイ検定
監修 赤木攻
定価2000円＋税／A5版／240ページ

やすらぎのタイ食卓
ラッカナー・パンウィチャイ、
藤田渡、河野元子 著
定価1800円＋税／A5版変型／144ページ